Konrad Wolff
Interpretation auf dem Klavier

W0231126

SERIE PIPER
Band 673

Zu diesem Buch

Artur Schnabel (1882–1951) war nicht nur einer der größten Pianisten unseres Jahrhunderts, er war auch ein großartiger Lehrer, der einen tiefgreifenden Einfluß auf viele nachfolgende Generationen von Pianisten ausübte. Schnabels Synthese von Technik, Musikalität und Interpretation bewirkte eine Revolution des Klavierspiels. Als Mozart-, Beethoven-, Schubert- und Brahms-Interpret wurde Schnabel weltbekannt. Seine Plattenaufnahmen sämtlicher Klaviersonaten und Klavierkonzerte Beethovens wurden bahnbrechende Einspielungen.

Konrad Wolffs Buch entstand aus einer langjährigen engen Zusammenarbeit mit seinem Lehrer Artur Schnabel. Ziel des Autors ist es – und dabei wendet er sich an Pianisten, Musikstudenten und Musikliebhaber –, den Kern von Schnabels künstlerischer Überzeugung lebendig werden zu lassen und dessen persönliche Einstellung zur Interpretation klassischer Klaviermusik zu verdeutlichen. Damit wird das Buch zu einer Art musikalischem und musikpädagogischem Vermächtnis des genialen Pianisten Artur Schnabel.

Alfred Brendel schreibt in seiner Einführung: »Ich halte es für eines der wichtigsten Musikbücher seit langer Zeit, für eines der ganz wenigen, die den praktizierenden Musiker tatsächlich betreffen, ihn direkt herausfordern.«

Konrad Wolff, geboren 1907 in Berlin, Dr. jur. utr. (Berlin 1930); Klavierstudium, vor allem bei Artur Schnabel, mit dem er bis zu dessen Tod in enger beruflicher und persönlicher Beziehung stand. Heute ist Wolff Professor für Klavierspiel und Klavierliteratur am Montclair State College (New Jersey/USA).

Konrad Wolff

Interpretation auf dem Klavier

Unterricht bei Artur Schnabel

Einführung von Alfred Brendel

Piper
München Zürich

Vom Verfasser autorisierte Übersetzung aus dem Englischen von
Tamara Trykar-Lu.
Wir danken dem Verfasser für seine intensive Mitarbeit an der
deutschsprachigen Ausgabe und Prof. Dr. Peter Beicken
für fachliche Beratung.

Die Originalausgabe erschien 1972 unter dem Titel
»The Teaching of Artur Schnabel – a guide to interpretation«
bei Faber and Faber Limited, London.

ISBN 3-492-10673-0
Neuausgabe 1987
2. Auflage, 4.–7. Tausend März 1987
(1. Auflage, 1.–4. Tausend dieser Ausgabe)
© Konrad Wolff, 1972
Alle Rechte der deutschen Ausgabe:
© R. Piper GmbH & Co. KG München 1979
Umschlag: Federico Luci
Umschlagfoto: Archiv EMI Elektrola
Satz: H. Mühlberger, Augsburg
Druck und Bindung: Clausen & Bosse, Leck
Printed in Germany

Für Ilse

Inhalt

Motto

Ich verspreche nichts Vollständiges; denn jedes von Menschen geschaffene Ding, das Anspruch auf Vollständigkeit erhebt, muß aus eben diesem Grund unweigerlich fehlerhaft sein.

(I promise nothing complete; because any human thing supposed to be complete, must for that very reason infallibly be faulty.)

(Herman Melville, Moby Dick, Kapitel 31)

Einführung

Der Pianist Artur Schnabel, sechs Jahre lang Schüler Lesche-titzkys in Wien, dann drei Jahrzehnte eine der bestimmenden Figuren des Berliner Musiklebens, verließ 1933 Deutschland. Viele seiner Schüler, von Sir Clifford Curzon bis Leon Flei-sher, sind den angelsächsischen Ländern zugehörig oder wa-ren, wie er, dorthin emigriert. Dank dieser Nachfolge ist die Wirkung Schnabels in England und den Vereinigten Staaten heute noch lebendig, während wir jüngeren Mitteleuropäer diesen einzigartigen Musiker erst aus der Distanz – der geo-graphischen und nun auch schon der historischen – für uns entdecken mußten.

Ich erinnere mich an die erste, aufregende Begegnung mit einer Schnabel-Platte – es waren die Bagatellen op. 33 von Beethoven –, die ich über Radio Wien zu Beginn der fünfziger Jahre hörte. Das eigentümlich Sprechende dieses Spiels (*con una certa espressione parlante* heißt es in einer der Bagatellen), die Freiheit und Kühnheit einer Deklamation, die die Musik unablässig bis ins kleinste belebte, zeigten mir, der ich damals mehr von gesanglichen und orchestralen Vorstellungen her-kam, eine neue Seite des Musizierens. Inzwischen sind so gut wie alle Schallplatten Schnabels in den Handel zurückgekehrt; sie haben uns geholfen, mit seinem Spiel vertraut zu werden, soweit sich ein solches Phänomen auf Platten wiedergeben ließ und soweit man mit etwas so Speziellem und Persönli-chem jemals ganz vertraut werden kann.

Konrad Wolffs Buch soll nun dazu beitragen, die Bedeutung Schnabels besser zu verstehen; zugleich reicht es über die Per-son Schnabels weit hinaus ins Musikalisch-Allgemeine. Ich halte es für eines der wichtigsten Musikbücher seit langer Zeit, für eines der ganz wenigen, die den praktizierenden Musiker tatsächlich betreffen, ihn direkt herausfordern. Es gewährt ge-nauen Einblick in Schnabels Arbeitsmethode als Pianist und Pädagoge – und nicht nur in seine Arbeitsmethode, sondern auch in seine Arbeits-Willkür, denn Schnabels Verhältnis zur Musik vermischte auf höchst persönliche Weise Überlegung und Laune. Es erklärt den Bewunderern des großen Pianisten so manche, auch bizarre, Eigenschaft seines Spiels; es zeigt dem musikalisch Interessierten, welche Probleme einen Interpreten, sofern er zu reflektieren vermag und zu reflektieren wagt, bedrängen; und es vermittelt, endlich wieder nach mehr als einem Jahrhundert, einen Überblick über das Feld pianistischer Interpretation in seiner Gesamtheit.

Es versucht nicht, Schnabel als allwissend oder unfehlbar hinzustellen. Noch weniger versucht es, Schnabel zu korrigieren: Wir danken Professor Wolff, daß er die Botschaft seines Lehrers so rein und unprätentiös aufgezeichnet hat, in einer schönen Sachlichkeit der Darstellung, wie sie dem, was Schnabel selbst niederschrieb, nicht immer zu eigen war.

Die Auseinandersetzung mit dieser Botschaft ist dem Leser überlassen. Je größer seine Erfahrung, je stärker die Bereitschaft, Schnabels Anweisungen zunächst skeptisch zu überprüfen, Arbeitshypothesen nicht als Dogmen mißzuverstehen, um so fruchtbarer wird diese Auseinandersetzung ausfallen. Ich freue mich darauf, aus diesem Buch noch viele Jahre lang zu lernen in Bewunderung und Widerspruch.

London, Frühjahr 1979   Alfred Brendel

Vorwort

Artur Schnabels überragende Bedeutung als Pianist war untrennbar mit seinem Weltruf als Lehrer verbunden. Über vier Jahrzehnte hinweg bis zu Schnabels Tod im Jahre 1951 gab es niemanden, der eine größere Anzahl von erstklassigen Schülern unterrichtete als er. Lange bevor er in die Vereinigten Staaten übersiedelte, zählten viele der besten amerikanischen Studenten zu seinen Schülern, die dazu eigens von ihren Lehrern und Beratern nach Europa gesandt wurden. Nach 1930, als die Schnabelschen Schallplatten bei der Beethoven-Gesellschaft zusammen mit seiner Ausgabe der Beethoven-Sonaten zu erscheinen begannen, ging die Zahl seiner Schüler in die Hunderte. Er unterrichtete mit Hingabe und bot jedem Schüler sein Bestes.

Dieses Buch versucht, einem größeren Kreis von Pianisten, Studenten, anderen Musikern und Musikliebhabern den Kern von Schnabels künstlerischen Überzeugungen zu vermitteln und seine Einstellung zur Musik zu erklären. Mein erster Entwurf stammt noch aus meiner Studienzeit bei Schnabel, die im Jahr 1936 begann. Schnabel billigte ihn und ermutigte mich, ihn zu erweitern. In späteren Jahren hat Schnabel mein Buch gründlich durchgesehen; er wollte, daß es dereinst als »in Zusammenarbeit mit Artur Schnabel« verfaßt erscheinen solle. Sein Tod im Jahr 1951 vereitelte diesen Plan. Ich begann dann, das Manuskript in seine gegenwärtige Form umzuschreiben; Schnabels Ideen und Ratschläge für die Aufführung manifestieren sich in diesem Buch als Ausstrahlungen seiner künstlerischen Persönlichkeit.

Bei dieser Aufgabe haben mir andere Schüler und Freunde von Schnabel geholfen. Es sind zu viele, als daß ich sie einzeln aufführen könnte. Ich bin ihnen allen sehr verpflichtet, muß jedoch Mr. und Mrs. Dolf Swing besonders erwähnen, die im Auftrag der »Schnabel Memorial Society« (damals unter dem Vorsitz von Beveridge Webster) viele Wochen in aufopfernder

Arbeit die Anfangskapitel in eine leichter faßliche Gestalt brachten; ihre Arbeit war mir von großem Nutzen, als ich später das Manuskript noch einmal revidierte.

Theodor Leschetitzky, Schnabels Lehrer, und seine Generation sahen die Aufgabe des Klavierlehrers anders als die Lehrer von heute. Damals hatte der Lehrer den Schüler auf eine Virtuosenlaufbahn vorzubereiten. Musikkenntnisse außerhalb des erforderlichen Repertoires waren nebensächlich; ebenso wenig Gewicht wurde auf die Kunst des Improvisierens, auf Vom-Blatt-Lesen, Komposition usw. gelegt. Musikalische Probleme und technische, die ihre Wurzeln in musikalischen Anforderungen hatten, wurden nur selten diskutiert. Inzwischen haben wir entdeckt, daß vieles in der Musik lehrbar ist, was die ältere Generation auf den »musikalischen Instinkt« verweisen mußte. Schnabel war wohl einer der inspiriertesten und schöpferischsten unter den Klavierlehrern, die ihren Schülern eine musikalische Grundlage gaben. Er war der einzige, der eine so allgemeine Einstellung vermittelte, daß damit alle auftauchenden Schwierigkeiten erfaßt werden konnten, so daß seine Schüler nach einigen Jahren imstande waren, musikalische Probleme selbst zu lösen, denen sie noch nie vorher begegnet waren. Mit anderen Worten: Aus dem, was er im Unterricht sagte und durch sein Spiel demonstrierte, läßt sich ein vollständiges System bilden.

Obwohl verschiedene andere führende und angesehene Pianisten, in eigenen oder von Schülern niedergeschriebenen Artikeln, Erinnerungen, Lehrbüchern usw., über musikalische Einzelheiten eine Menge gesagt haben, gibt es keine noch heute gültige Darstellung des musikalischen Gesamtgebiets des Pianisten-Interpreten. Es ist wirklich erstaunlich, daß seit der Zeit von Bachs zweitem Sohn (um 1750) nur noch, soweit ich weiß, ein einziges solches Buch erschienen ist: Kullaks »Ästhetik des Klavierspiels« von 1861! Das gegenwärtige Buch kommt also keineswegs zu früh, um diese Lücke auszufüllen, selbst wenn man bedenkt, daß sich über alle oder doch bestimmt über einige seiner Thesen streiten läßt.

Nach den Einleitungskapiteln, die sich auf die Aufgabe des

Pianisten und das grundlegende Verhältnis von Technik und Musik beziehen, folgt der Hauptteil der Untersuchung in vier Abschnitten: 1. Artikulation von Phrasen; 2. genaues, konstruktives Notenlesen; 3. Charakterisierung einer Komposition durch die Wiedergabe; 4. pianistische Mittel und ihre Kontrolle. Die Musikbeispiele stammen entweder aus Schnabels Unterricht, oder sie wurden von ihm während unserer Zusammenarbeit an der ersten Fassung des Buches beigesteuert oder gutgeheißen. Sie beschränken sich daher auf Musik, die Schnabel selber spielte und hauptsächlich unterrichtete, was die modernen Meister ausschließt. Schnabels eigene Bemerkungen sind überall in Anführungszeichen ohne Quellenangabe wiedergegeben.

I

Die Aufgabe des Pianisten im allgemeinen

Nach Schnabel wird ein Musiker zum Interpreten, indem er seinen angeborenen Ausdruckswillen und sein Formgefühl in Beziehung zum Werk setzt, wobei die getreue Wiedergabe des Notentextes eine Selbstverständlichkeit ist. Der Ausführende strebt also nach dem Ideal, völlig notengetreu zu musizieren, ohne das als Fessel zu empfinden. In der künstlerischen Rangordnung steht die Komposition und nicht ihre Ausführung an höchster Stelle, ein unumgänglicher Leitsatz für jede Interpretation, von dem sich der Interpret unbedingt führen lassen muß. Innerhalb dieser Grenzen kann sich der Interpret frei, aktiv und schöpferisch bewegen. Auf eine Formel gebracht: Der Interpret macht die Musik. Er kann seine Aufgabe nur erfüllen, wenn er spontan musiziert. In »Lutetia« drückt Heine das so aus: »Was ist in der Kunst das Höchste? Das, was auch in allen andern Manifestationen des Lebens das Höchste ist: die selbstbewußte Freiheit des Geistes. Nicht bloß ein Musikstück, das in der Fülle jenes Selbstbewußtseins komponiert worden, sondern auch der bloße Vortrag desselben kann als das künstlerisch Höchste betrachtet werden, wenn uns daraus jener wundersame Unendlichkeitshauch anweht, der unmittelbar bekundet, daß der Exekutant mit dem Komponisten auf derselben freien Geisteshöhe steht, daß er ebenfalls ein Freier ist.«[1]

Eine intensive Beschäftigung mit dem Notentext und dem Geist eines Musikwerkes regt den Interpreten an und bringt die Komposition bei der Aufführung zu neuem Leben. Der Begriff »Nachschöpfung« wurde oft dahingehend mißverstanden, daß der Interpret den Versuch macht, den Komponisten selbst im schöpferischen Augenblick gleichsam heraufzubeschwören. Die Sinnlosigkeit eines solchen Unterfangens ist

[1] Heinrich Heine: Lutetia. Bericht vom 20. März 1843, Anfang des letzten Absatzes.

längst erkannt worden, denn offensichtlich hängt eine erfolgreiche Nachschöpfung davon ab, inwieweit der Interpret imstande ist, die Struktur und den objektiv feststellbaren Charakter eines Werkes in sich aufzunehmen.

Obwohl Schnabel in diesen Fragen ein absoluter Dogmatiker war, ging seine Absicht dahin, vor allem die jungen Musiker ihrer Hauptaufgabe zuzuführen, indem er sie davon abhielt, sich von äußerlichen, unwesentlichen Überlegungen ablenken zu lassen. Er betonte oft, daß sich der Interpret beim Einstudieren und bei der Aufführung ausschließlich mit der Musik befassen soll und nicht mit dem Phänomen, daß bei der öffentlichen Aufführung das Kunstwerk Kommunikation zwischen Komponist und Publikum herstellt. Schnabel war sicher, daß das Publikum es schon spüren werde, wenn der Interpret sich mit der Musik identifizierte, daß jedoch ein Interpret, der zum Publikum hinspielt, der Musik nicht gerecht werden kann.

Schnabel warnte seine Schüler auch vor stilistischen Verallgemeinerungen. Er hielt es für unnötig und mitunter gefährlich, sich beim Spiel vom sogenannten Stil einer Epoche oder von nationalen oder regionalen Eigentümlichkeiten leiten zu lassen. Er glaubte nicht daran, daß ein Pianist »in Wien gelebt haben muß«, um Schubert-Tänze, oder in Paris, um französische Impressionisten zu spielen. Mit seinem kaustischen Humor kritisierte er oberflächliche Mozart-Aufführungen als »Maskenball in Rokoko-Kostümen« oder warnte davor, Brahms als »Mann mit den drei B, nämlich Bier, Bart und Bauch«, mißzuverstehen. Er hielt diese Art von pseudostilistischer Auffassung für irrelevant und glaubte, daß sie vom individuellen Stil des jeweiligen Komponisten ablenkt. Bei einem guten Komponisten bildet jedes Werk ohnehin eine in sich abgeschlossene Einheit, so als gäbe es keine andere Musik. Unarten wie durchgehend kleiner Ton bei Mozart, Verzögern des dritten Viertels bei Schubert-Walzern, unmotivierte Temposchwankungen bei Schumann, sinnlose Trockenheit des Tons bei Bach waren Schnabel verwerfliche Greuel. Selbst bei Kompositionen, die von der Volksmusik beeinflußt sind, wie ungarische Rhapsodien und Mazurken, versicherte Schnabel, daß man das Folkloristische schon herausfinden werde, wenn man sich auf jedes einzelne Stück konzentriere. Auf jeden Fall müßten Autonomie und Einmaligkeit jedes Kunstwerks unangetastet bleiben.

Einseitiges Stilisieren wirkt sich nachteilig auf die Fähigkeit des Pianisten aus, einen großen Komponisten in seiner ganzen Eigenart zu erfassen. Nicht alle Werke von Mozart sind »klassisch« oder alle von Bach »barock«; gerade da, wo der Komponist die Grenzen seines Zeitstils und der nationalen Eigenart durchbricht, muß der Interpret besonders aufpassen. Oft nimmt ein Genie den Stil einer zukünftigen Periode vorweg. Schnabel erklärte und spielte (auch auf einer Schallplatte) den Mittelteil von Brahms' Intermezzo a-Moll op. 116 Nr. 2 »impressionistisch«, ohne die Phrasen voneinander abzusetzen, in elastischem Tempo, mit viel Pedal und in einer Klangfarbe, in der die Stimmung eher angedeutet als ausgedrückt ist. Alle diese Züge scheinen mehr in ein Debussy-Prélude als in ein Brahms-Intermezzo zu passen. Und doch hätte sich Brahms wahrscheinlich gewünscht, sein Stück so interpretiert zu hören. Die stilistische Klassifizierung von Brahms als Spätromantiker oder früher Neoklassizist hätte für solch eine Interpretation jedoch keinen Platz.

Damit ist nicht gesagt, daß ein Pianist sich nicht mit Stil und musikalischem Idiom auseinandersetzen soll. Insbesondere muß er sich mit den anderen bedeutenden Werken eines Komponisten vertraut machen, dessen Klavierwerke er studiert. Ohne gründliche Kenntnis von Bachs Kantaten und Passionen, Mozarts Opern, Beethovens Streichquartetten und Schuberts Liedern wäre es sehr schwer, die volle Bedeutung der Klavierwerke dieser Komponisten zu erfassen. In einer Ansprache für Otto Klemperer brachte Schnabel die hier geäußerten Vorstellungen auf die Formel: »Schöpfer sind keine Spezialisten.«[1] Im Augenblick, wo die Aufführung beginnt, müssen alle bisherigen musikalischen Erfahrungen des nach-

1 Erschienen in der »Vossischen Zeitung«, 6. Dezember 1932.

schaffenden Künstlers in die Realisation des vor ihm liegenden Werkes eingehen. Schnabels Lieblingszitat[1] war Goethes: »Was ist das Allgemeine? Der einzelne Fall. Was ist das Besondere? Millionen Fälle.« Alle große Musik war für Schnabel »inklusiv«, »all-umfangend« und nicht vergleichbar mit irgendeinem anderen großen Werk, selbst nicht mit einem desselben Komponisten. Viele ältere New Yorker werden sich der ausfallenden Diskussionsbemerkungen erinnern, die er Rudolf Kolisch bei einer Tagung der American Musicological Society entgegenschleuderte, weil Kolisch mit Hilfe authentischer Metronombezeichnungen eine Typenklassifizierung Beethovenscher Tempi versucht hatte: Werke desselben Typus sollten Kolischs Ansicht nach im gleichen Tempo gespielt werden.[2]

Ebenso vorsichtig muß der Pianist bei Musik sein, die sich an programmatische, beschreibende oder poetische Ideen oder Bilder anlehnt. Einige Bilder sind akustisch und können natürlich nicht aus der Phantasie des Interpreten verdrängt werden. »Der Singvogel, dem die Musik so viel verdankt, ist bestimmt eine der legitimsten und unverdorbensten Inspirationen des Interpreten.« Schnabel verwendete diese und andere Bilder gern im Unterricht. Mit Vorliebe bezeichnete er bestimmte Teile eines Werkes als »Prozessionsmusik«, wie zum Beispiel den Mittelteil des langsamen Satzes von Schuberts nachgelassener B-Dur-Sonate D. 960 oder das Hauptthema des langsamen Satzes der Sonate in A-Dur op. 2 Nr. 2 von Beethoven. Trotzdem war er sich im klaren, daß solche rein subjektiven Bilder nur begrenzten Wert haben. Er sagte, Musik könne Bilder hervorrufen, aber das Gegenteil sei nicht wahr: Bilder könnten keine Musik hervorrufen.[3] Sein Aus-

1 Artur Schnabel, Music and the Line of Most Resistance, Princeton 1942, S. 58.

2 Kolischs Entdeckungen wurden später in »Musical Quarterly«, 1943, S. 169 und 291 ff., veröffentlicht.

3 Beethoven fügte dem Programmzettel der Premiere seiner Pastoral-Symphonie eine Anmerkung hinzu, in der er betonte, daß Titel »eher ein Ausdruck des Gefühls als ein Tongemälde« seien. Nietzsche, der davon viel-

spruch war keineswegs überflüssig, denn allzuoft geschieht es, daß in Werken wie in Schumanns »Papillons« op. 2 programmatische Ideen sich so fest im Gehirn des Interpreten verankern, daß sich Verzerrungen der musikalischen Phrasen ergeben. Gute Musik, selbst programmatische oder bildhafte, ist musikalisch immer autonom. Übertriebene Konzentration auf die programmatischen Ideen führt zu dynamischen und rhythmischen Übertreibungen, wie zum Beispiel bei Echoeffekten. In der Musik von Bachs Zeitgenossen verfolgten die Echoeffekte eine spielerische Absicht, ohne selbst einen eigenen musikalischen Anspruch zu erheben. Es kam Schnabel darauf an, die leise Wiederholung als eine Fortsetzung der musikalischen Linie zu verstehen, und es darf daher zwischen der ersten (lauten) und der zweiten (leisen) Hälfte einer Echophrase keinen Bruch geben.[1] Als Beispiel dafür führte er den Anfang von Mozarts Sonate in a-Moll KV 310, Takt 16–19, an (s. Beispiel 21).

Analyse der Musik für sich ist auch kein Wunderheilmittel, meinte Schnabel. »Wissen schadet nie«, sagte er jedoch, und er ermunterte seine Schüler, soviel wie möglich über Aufbau, Harmonik, Motivtechnik usw. eines Stückes ausfindig zu machen. Als Grundlage für die Interpretation sind diese Elemente jedoch nicht von Nutzen. Eine Analyse, die für das Studium fruchtbar sein soll, muß das Ergebnis einer spontanen Reaktion auf ein musikalisches Detail sein, das dem Spieler so auffällt, daß er nicht umhin kann, ihm nachzugehen. Folgendes Beispiel mag als Illustration dienen. Bei einer schulmäßigen Analyse des ersten Satzes der Sonate in E-Dur

---

leicht nichts wußte, drückte den gleichen Gedanken folgendermaßen aus (in »Geburt der Tragödie«, 1870/71, Kapitel 6): »Ja selbst, wenn der Tondichter in Bildern über eine Komposition geredet hat, etwa, wenn er eine Symphonie als ›Pastorale‹ und einen Satz als ›Szene am Bach‹, einen anderen als ›Lustiges Zusammensein der Landleute‹ bezeichnet, so sind das ebenfalls nur gleichnisartige aus der Musik geborene Vorstellungen . . . die über den dionysischen Inhalt der Musik uns nach keiner Seite hin belehren können, ja die keinen ausschließlichen Wert neben anderen Bildern haben.«

1 Vgl. aber Seite 103.

op. 109 von Beethoven stellt man fest, daß die ersten acht Takte die erste thematische Gruppe bilden und das unmittelbar folgende Adagio die zweite. Diese unübersehbare Tatsache verleitet dann den Pianisten, eine Unterbrechung nach den ersten acht Takten zu machen, um den Formkontrast in Thema und Tempo hervorzuheben. Nichts könnte jedoch abwegiger sein. Vom Anfang bis zum Ende der Exposition geht eine Linie ohne jegliche Unterbrechung. Mit dem Anfangsakkord in E-Dur beginnt eine Phrase, die weitergeführt wird, bis in Takt 15 das E-Dur durch einen H-Dur-Akkord ersetzt wird, der durch ein Sforzato im Baß angedeutet wird. Schnabel formulierte das folgendermaßen: »Die Formfrage erscheint hier lediglich als Frage, wieviel Raum man in einem Impuls umspannen kann, als innere Notwendigkeit, als in Bewegung gebrachtes Gefühl, als etwas beinahe Physisches.«

Während des 19. Jahrhunderts, seit Hans von Bülow, richtete diese Art von pseudo-wissenschaftlicher Analyse viel Unheil an. Wo immer die vorhandenen Tatsachen sich der Theorie nicht anpassen wollten, wurden sie entsprechend verändert, bis hin zu Veränderungen im Notentext. Im Gegensatz dazu ist echte Analyse nichts anderes als eine Klarstellung und Intensivierung der musikalischen Sensibilitäten, ein zusätzlicher Antrieb in die Richtung, die zunächst vom musikalischen Instinkt aufgespürt wird. Im ersten Satz von Schuberts a-Moll-Sonate op. 42 wird nach Schnabels Auffassung aus der anfänglich jambischen Phrasierung (Takt 26 ff.) in der Coda eine trochäische (Takt 297 ff.):

Beispiel 1 a, 1 b

Eine Analyse kann vielleicht erklären, warum dieser Wechsel stattfindet, hätte aber kaum zu Schnabels intuitiver Reaktion geführt. In solchen Fällen kommt musikalischer Instinkt an erster Stelle und wird entweder durch die Analyse bestätigt oder auch manchmal berichtigt. In dem obigen Schubert-Beispiel ergibt sich die anfängliche Auftaktphrasierung durch das vorhergehende Fortissimo-Motiv; in der Coda mündet die Phrasierung schließlich in gleichmäßige Viertel-Akkorde, was dann zum stärksten Interpretationsfaktor für den Spieler wird.

Teil der Aufgabe des Interpreten ist auch die richtige Art von Konzentration während der Aufführung (die sich von der Konzentration unterscheidet, die man beim Einstudieren und Üben braucht). Diesen Punkt erläuterte Schnabel sehr genau. Unter starkem Druck – emotionell und intellektuell – muß der Interpret die klangliche Wiedergabe der gesamten Komposition als ein Ganzes vorausfühlen. Schnabel verglich dies mit einem Atemzug, der so tief ist, daß er die ganze Aufführung dann als ein einziges langsames Ausatmen erscheinen läßt. Wenn dies gelingt, wird ein Augenblick der Stille sofort nach Ende des Spiels eintreten. Beethoven markierte diesen Augenblick in einigen seiner Sonaten – zum Beispiel in der F-Dur-Sonate op. 54 – durch eine Fermate über der abschließenden Pause (worauf Schnabel in seiner Ausgabe der Sonaten den Leser aufmerksam macht). Zusätzlich konzentriert sich der Interpret dauernd auf die Phrase, die unmittelbar als nächste folgen soll, damit er sie mit dem sogenannten inneren Ohr hören und formen kann. Hier ist die Stelle,[1] wo gegebenenfalls Rubatos geplant werden müssen. Gleichzeitig muß sich der Interpret aber auch auf das gerade Gespielte konzentrieren und besonders die Klangproportionen überprüfen. Wie Schnabel oft betonte, hört also das innere Ohr des Interpreten alles zweimal: Jedes Detail wird im Geiste vorausgehört und später nachkontrolliert. Wenn man Glück hat, verschmelzen diese beiden Prozesse ineinander, oder, wie Schnabel es formulierte: »Das Konzept nimmt Gestalt an, und die Gestalt verwandelt sich gleich wieder in ein Konzept.«

1 Siehe Seite 84 f.

Die Gefahr bei dieser komplizierten Art von Konzentration lag nach Schnabels Ansicht eher in einer falschen als in einer nicht ausreichenden Konzentration. Wenn man sich zur Zeit der Aufführung (und hierdurch unterscheidet sich die Aufführung von Vorbereitung oder Üben) um richtige Noten, Gedächtnisfehler, Fingersätze oder die Schwierigkeit einer bestimmten Stelle Sorgen macht, ist es unmöglich, sich völlig so zu konzentrieren, wie es hier beschrieben wird. Der Interpret kann sich auch nicht völlig konzentrieren, wenn er sich während der Aufführung von Faktoren, die in diesem Kapitel behandelt wurden, wie zum Beispiel »Publikumsreaktion«, »Stileigentümlichkeiten«, »programmatische Ideen«, ablenken läßt.

Schließlich muß der Interpret bei der Aufführung darauf hinzielen, die Einheit und Vielgestaltigkeit jedes Werkes zu Gehör zu bringen. Das schließt auch ein sinnvolles Ausgleichen von Oberflächenelementen und innerem Leben des Werkes ein. Schon beim Üben muß das berücksichtigt werden. Schnabel drückte diesen Gedanken einmal so aus: »Der Ausführende unterstreicht nichts, was der Komponist selbst deutlich gemacht hat. Er sorgt für dasjenige, was der Komponist seiner Fürsorge überlassen hat.« Das kann sich zwar auf alles beziehen, aber damit sind hauptsächlich die Einheit und Vielgestaltigkeit gemeint, die in einem Werk nebeneinander bestehen. Der Pianist muß Feinheiten der Struktur unter einer gefälligen Melodie zu Gehör bringen; er muß aber auch den Zusammenhang einer Oberstimme bewahren, wenn die darunterliegende rhythmisch-harmonische Struktur die Einheit des Stückes gefährdet, wie es oft bei Brahms vorkommt. Er wird versteckte Unruhe in einer scheinbar heiter-gelassenen Komposition finden (wie oft bei Mozart) oder innere Gelassenheit in einem äußerlich stürmischen Werk (wie oft bei Beethoven). Bei allem Ausgleichen muß er aber die Oberflächenstruktur unangetastet lassen, sonst stört er das vom Komponisten geplante Gleichgewicht.

II
Musik und Technik

In Augenblicken großer Intensität ist es möglich, daß der geistige und der physische Aspekt des Musizierens eins werden, so daß man nicht mehr mit Sicherheit sagen kann, wo der eine aufhört und der andere anfängt. Andererseits können diese beiden Aspekte sich aber so voneinander entfernen, daß der Künstler sein schöpferisches Potential nicht mehr verwirklichen kann. Das ist vor allem darauf zurückzuführen, daß musikalische und technische Fertigkeiten beim Klavierspielen separat entwickelt werden, wobei sich verschiedene Erfahrungsbereiche ergeben. Für den Pädagogen bleibt es daher eines der Hauptprobleme, eine Balance zwischen dem Technischen und dem Musikalischen herzustellen, und Schnabel war sich dieses Problems wohl bewußt und bemühte sich in seiner ganzen Lehrtätigkeit, dieses Zusammenwirken der beiden Aspekte zu fördern.

Der reife Interpret richtet sein Bestreben auf die seltenen Augenblicke der Inspiration, die seine Vorstellung des Werkes eins werden lassen mit der Klanggestalt, die es bei der Aufführung annimmt. In solchen Momenten geht das Technische über die bloße Beherrschung des Körpers hinaus, der aufhört, Befehlsempfänger des inneren Ohrs zu sein: Technik wird vielmehr zur körperlichen Aktivität, die ihrerseits die schöpferische Phantasie anzuregen vermag. Erfüllte Augenblicke solcher Art kann man nicht als selbstverständlich hinnehmen; sie ereignen sich unerwartet, wenn überhaupt, und sie verschwinden ebenso plötzlich. Durch das Training aller geistigen und physischen Fähigkeiten kann man jedoch erreichen, daß schließlich, mit genügend Geduld und Disziplin, Unstimmigkeiten zwischen dem Konzept und der Ausführung behoben werden. Wo es Lücken gibt, deckt sich die Aufführung nicht mehr mit dem Konzept. Zwar kann das Spiel dennoch musikalisch sein, insofern es genau dem Detail entspricht und klangschön ist; es fehlt ihm aber die eigentliche Fähigkeit, das

Wesen eines Notentextes dem Zuhörer zugänglich zu machen. Der verkennt dann den Pianisten und glaubt zu Unrecht, daß er entweder das Stück nicht mag oder es nicht versteht, während er einfach unfähig ist, seine Auffassung überzeugend zu vermitteln. Klaviertechnik, wie Schnabel sie definierte und lehrte, ist die Fähigkeit, Verbindungen herzustellen zwischen den inneren Klangvorstellungen und der Ausführung in allen ihren Nuancen, oder anders ausgedrückt, Verbindungen zwischen der »Seele« und dem »Körper« einer Interpretation.

Der gegenwärtige Trend in der Musikausbildung macht es schwierig, dieses Ziel zu erreichen. Obwohl einerseits viel Wert auf wissenschaftliche Analyse, andererseits auf Körpertraining gelegt wird, wird nichts gelehrt, was für die Lernenden beides verbindet. Theoretische Kenntnisse prüft man auf abstrakte Weise, und technische Bravour wird bei Klavierwettbewerben nach Geschwindigkeit von Oktaven und ähnlichen Kriterien beurteilt, die Schnabel als »meßbare Quantitäten« bezeichnete. Viel Aufmerksamkeit gilt der Klaviertechnik als solcher, und ihr allgemeines Niveau ist durch die Berücksichtigung anatomischer und mechanischer Gesetzmäßigkeiten wesentlich gehoben worden.[1]

Dadurch beeinflußt definieren viele Lehrer Technik nur in Begriffen wie Körperentspannung, Handstellung, Quelle und Qualität physischer Bewegung, ganz ähnlich dem modernen Tanz; all dies hat viele positive Resultate hervorgebracht, hat aber auch viel Schaden angerichtet. Die Verwendung einer stummen Klaviatur erfreut sich wachsender Beliebtheit, den Studenten werden Studien über Anatomie auferlegt, und gymnastische Überlegungen haben manchen Lehrer dazu gebracht, die technische Ausbildung auf einen einzigen Aspekt der körperlichen Bewegung aufzubauen, wie zum Beispiel das Spreizen der Ellbogen, das Durchdrücken des Handgelenkes oder das Drehen der Hand nach innen oder außen, je nach Richtung der Armführung. Je fortgeschrittener diese Art von

1 O. Ortmann führt in »The Physiological Mechanics of Piano Technique« (London 1929, S. 383) 73 Bücher und Artikel über die Physiologie der Klaviertechnik auf. Inzwischen gibt es sicher noch einige hundert.

technischem Studium ist, desto weniger setzt sie einen Pianisten instand, mit den individuellen technischen Problemen, die beim Einstudieren bestimmter Stücke auftauchen, fertig zu werden. Ein Blick auf die berühmten Methoden von Breithaupt und anderen bestätigt dies: Die Autoren beschäftigen sich kaum mit technischen Problemen wie Klangproportionen im Akkordspiel, Unterschieden zwischen rasch artikulierten und glissandoartigen Tonleitern, Unterschieden in der Ausführung von Trillern und Oktaven in der rechten und der linken Hand.[1] Aus diesem Grund hielt Schnabel solche Bücher eher für gefährlich als für nützlich.[2]

Als Reaktion auf diese Überbetonung der Technik hat das Publikum in den letzten fünfzig Jahren immer mehr Gefallen gefunden an intimen Aufführungen von Klaviermusik durch Amateure, Dirigenten und Komponisten. Ein solches Musizieren kann mitunter recht erfolgreich sein, denn jeder Zuhörer fühlt sich miteinbezogen, und er übersieht dafür manche technische Unvollkommenheit. Große Musik erfordert jedoch mehr als Hingabe und Begeisterung, und selbst eine höchst magische Atmosphäre kann kein Ersatz sein für eine zuverlässige Interpretationstechnik.

So beschaffen war die Grundlage für das, was Schnabel über Technik und konstruktives Üben lehrte. Weil er physische Probleme während des Unterrichts kaum besprach, wurde manchmal angenommen, daß er Technik unterschätzte, vor allem auch, weil er sich bei öffentlichen Konzerten weitaus mehr um richtige Artikulation und Charakterisierung als um technische Sicherheit kümmerte. »Sicherheit zu allerletzt«, sagte er zu seinen Schülern und lobte sie oft, wenn sie aus musikalischen Gründen ein technisches Risiko eingingen. In Wirklichkeit aber war er sehr um diejenige technische Kontrolle bemüht, die man durch konstruktives und ideenreiches Ausarbeiten des musikalischen Details erreichen kann. Natür-

1 Siehe Seite 187 und 207.
2 Schnabel kannte natürlich nicht die nach seinem Tod erschienenen Werke von Gát, Neuhaus und anderen, die ihn vielleicht mehr angesprochen hätten.

lich war eine allgemeine körperliche Beweglichkeit Voraussetzung dafür, daß der Schüler seinen Anweisungen zum Üben bis ins einzelne folgen und die von ihm besprochenen Probleme lösen konnte. In früheren Jahren gab er eine allgemeine Einführung in die Körperbeherrschung, und er formulierte die Prinzipien dieser Ausbildung einmal ganz klar in einem Interview mit James Francis Cooke.[1] In diesem Interview ging es um die Lockerheit, besonders die der Nacken- und Schulterpartien. Im letzten Gespräch, das ich mit Schnabel in seinem Todesjahr über dieses Buch führte, bat er mich, zu betonen, daß bei jeder allgemeinen physischen Ausbildung am Klavier eine »angespannte Konzentration auf Entspannung« absolut notwendig sei: »Angespannt soll nur der Kopf sein.« Er bekannte, wie schwierig dies sei, und gab zu, daß er selber während seiner ganzen Karriere um Lockerheit kämpfen mußte, wobei er sich besonders auf gelockerte Akkordtechnik konzentrierte.

Er faßte seine technischen Ideen niemals in ein System, und es wäre gegen seinen Wunsch, wenn ich das nun täte. Um seine Ideen verwirklichen zu können, sollte man schon einen bestimmten Grad von Fingerfertigkeit mit Hilfe einer anderen Methode erreicht haben, genau wie er selber seine Fähigkeiten durch das Leschetitzky-Training erworben hatte. Schnabel sah Klavierspiel als eine Art musikalischen Sprechens. »Man spricht nach oben und nach vorn«, sagte er, »und deswegen darf man nicht nach unten und nach hinten spielen.« Niemals gebrauchte er Bewegungen, bei denen der Arm von der Tastatur in Richtung Körper zurückgezogen oder in Richtung Boden fallengelassen würde. Er saß verhältnismäßig niedrig und ziemlich weit weg vom Klavier auf einem Stuhl mit Rückenlehne – sogar im Konzertsaal. Während er sich seitlich frei bewegen konnte, blieb die Rückenachse unbewegt. Wenn seine Hände in dieser Körperhaltung die Tasten berührten (seine Hände waren kaum je weiter als zwei oder drei Zenti-

1 Erschienen in »Etude«, Februar 1922, Neuauflage Februar 1952, und auch zu finden in James F. Cookes »Great Men and Famous Musicians« (Philadelphia 1925).

meter von den Tasten entfernt), strömte ein unvergleichlich voller und müheloser Klang aus dem Instrument nach vorn und oben. Mit eigenen Worten würde ich diese Art von Spiel als ganz durchgezogenen Fingeranschlag bezeichnen: Der Ellbogen streckt sich, der Oberarm bewegt sich nach vorn, der obere Teil des Fingers steht fast waagerecht. Es ist dies jedoch keine selbständige Arm- oder Schulterbewegung, sondern die Vollendung des Bewegungsablaufes, der damit anfängt, daß die Fingerspitze die Taste niedergehen läßt. Wenn, besonders in einer Melodie, ein vollkommenes Legato aus aufeinanderfolgenden Einzeltönen verlangt ist, ist diese durchgezogene Bewegung ausreichend langsam, um sich über die verschiedenen Töne der Phrase zu verteilen.

Schnabel enthielt sich, seine Spielweise einem Schüler aufzuzwingen, dessen eigene Technik, wenn auch vom Lehrer verschieden, ihn zu musikalischer und technischer Kontrolle befähigte. Nur wenn etwas nicht stimmte, sah er auf die Hand des Schülers. Die wirklich unakzeptablen Bewegungsarten wie »stechende« oder »baumelnde« Finger waren durch ihre unmusikalischen Ergebnisse sofort hörbar. Der größte Vorteil seiner gelegentlichen Bemerkungen über Technik lag natürlich darin, daß die Schüler ihn beobachten konnten.

In den nun folgenden Kapiteln werde ich zu zeigen versuchen, wie Schnabel die technischen und musikalischen Probleme im Standardrepertoire seiner Zeit erfolgreich aufeinander bezog. Seinen Schülern erläuterte er diese Zusammenhänge buchstäblich in jeder einzelnen Phrase.

III
Artikulation – Einleitung

»Artikulation«, bei Schnabel ein sehr dehnbarer Begriff, bezieht sich auf die Ausarbeitung musikalischer Details mit Hilfe sämtlicher Mittel, die dem Künstler zur Verfügung stehen, wie Schattierungen der Länge von Noten und Notengruppen, der Lautstärke, Agogik usw. Bei der Aufführung eines Stückes ist die Artikulation höchst subtil und meistens zu differenziert, als daß der Komponist sie genau aufzeichnen könnte. Die Richtlinien, die Schnabel für die Artikulation entwickelte, sind ohne Vorbild und stellen meiner Meinung nach seinen originellsten und dauerhaftesten Beitrag zum Musikunterricht dar. Artikulation ist das Bindeglied zwischen dem Ziel und den Mitteln – zwischen Musik und Technik. Wenn sich der Student beim Einstudieren eines neuen Werkes sofort auf eine geeignete Artikulation für jede Phrase konzentriert, so werden von Anfang an technische und musikalische Mittel zusammen benutzt. Sein Spiel besteht dann nicht nur aus einer mechanischen und unklaren Wiedergabe des Notentextes, weil er nicht »erst die Noten und dann den Ausdruck« lernt, sondern sein Bestreben, in jeder Beziehung klar zu artikulieren, gibt ihm eine konkrete Aufgabe, an der er arbeiten kann. Wenn zum Beispiel ein störender Akzent auf eine Note fällt, die nicht betont werden soll, so mag die Ursache ein Mangel an Fingerkontrolle, an Ohrkontrolle oder an musikalischem Verständnis sein. Technische und musikalische Probleme sind so eng miteinander verbunden, daß der Pianist in vielen Fällen selber kaum feststellen kann, welcher Faktor den Fehler verursacht hat.

Manchmal bildet sich der Pianist ein, er erfülle die Ansprüche der Artikulation dadurch, daß er sämtliche Legato- und Staccato-Noten und -Bögen beachtet, den Wert aller Noten und Pausen aushält und rhythmische und dynamische Bezeichnungen getreulich wiedergibt. Aber die Summe solcher Genauigkeiten ergibt nie eine lebendige Deklamation. Wie bereits gesagt, bestimmen ungeschriebene Gesetze die feinsten dynamischen und rhythmischen Nuancen, und es gibt keine geschriebenen Zeichen, mit denen ein Komponist solche Feinheiten andeuten könnte. Und selbst wenn es sie gäbe, würde der Komponist, wenn er sie notierte, Gefahr laufen, das Gesamtbild eines Werkes zu verzerren. Wenn der Musiker jedoch den Notentext sowohl mit den Augen als mit dem inneren Ohr intensiv aufnimmt, entgehen ihm diese Feinheiten nicht, auch wenn der Komponist sie nicht aufgeschrieben hat. Als Beispiel mag der letzte Satz von Beethovens Violinsonate in Es-Dur op. 12 Nr. 3 dienen. Die paarweise phrasierten Noten bilden hier eine Tonleiter

Beispiel 2

und müssen als solche gehört werden. Daher darf die Phrasierung in Zweiergruppen nicht so sehr betont werden wie im nächsten Beispiel, aus Beethovens Klaviersonate in d-Moll op. 31 Nr. 2, wo die zweite Note eines gebundenen Paares als erste Note des nächsten Paares wiederholt wird:

Beispiel 3

Eine Pause kann eine Phrase beenden oder mitten in der Phrase stehen. Im ersten Fall muß sich der Pianist um Unterbrechung, im zweiten Fall um Kontinuität bemühen. Im Seitenthema von Mozarts Klaviersonate in D-Dur KV 311 gibt es vier Pausen. Die ersten beiden Pausen beenden jeweils eine Phrase, die beiden darauffolgenden stehen in der Mitte einer längeren Phrase:

Phrase:

Die oben zitierten Beispiele beziehen sich auf verschiedene Aspekte der Artikulation. Die Beethoven-Beispiele werden dadurch gelöst, daß man die melodische Struktur unabhängig vom Rhythmus beachtet. Bei Mozart verlangt die lange Phrase, die zu einem Halbschluß auf der Dominante führt, daß man ihre metrische Form ungeachtet der Melodieführung erkennt. In anderen Fällen treten harmonische Aspekte stärker hervor. Diese verschiedenen Kategorien der Artikulation werden in den nun folgenden Kapiteln besprochen.

Schnabel unterrichtete Artikulation keineswegs auf systematische Weise. Er sagte zum Beispiel ohne nähere Erklärung »kein Akzent auf As« und gab sich erst dann zufrieden, wenn der Schüler die Phrase ohne die geringste Spur eines Akzents spielen konnte. Oder er sagte: »Spielen Sie die Dominante ›besser‹ (das heißt mit stärkerer Betonung) als die Tonika« (oder umgekehrt); »machen Sie die chromatische Melodielinie in den Mittelstimmen deutlich«; »hören Sie auf die Dissonanz im Nonakkord«; »spielen Sie über den dritten Takt hinweg«; »spielen Sie die Achtelnoten langsam und die Viertelnoten schnell«. Nach und nach ergab sich ein Gesamtbild, das die einzelnen Bemerkungen als logische Ergebnisse eines ausgewogenen Schemas der interpretativen Werte erscheinen ließ. Von Zeit zu Zeit erklärte Schnabel einige dieser Regeln und ihre Bedeutung für die Interpretation, besonders diejenigen, die sich auf metrische Perioden verschiedener Länge und deren Berücksichtigung beim Spiel bezogen. Im folgenden werden die Regeln dieses Systems einzeln für jedes der musikalischen Elemente erläutert. Diese verschiedenen Elemente sind jedoch ineinander verflochten, und eine Interpretation ist nur dann möglich, wenn alle Aspekte zu jedem Zeitpunkt berücksichtigt werden.

Spricht man von »Regeln« (ein Wort, das Schnabel nicht mochte), so geschieht das in Ermangelung einer besseren Bezeichnung. Hauptziel dieser Regeln ist, dem Schüler Probleme zum Bewußtsein zu bringen und gute Auffassungsgewohnheiten bei ihm zu entwickeln, mit denen er einen neuen Notentext sofort absorbieren kann. Wenn er die Regeln befolgt, nimmt er die musikalischen Werte intensiver wahr, verbessert seine Arbeitsgewohnheiten und ist in der Lage, manche technischen Probleme wie von selbst zu lösen.

Artikulation, wie sie hier besprochen wird, bezieht sich nicht nur auf Melodien und Themen, sondern auch auf melodische Linien im Baß, auf Mittelstimmen und besonders auf sogenannte »brillante Passagen«. Schnabel wandte sich ausdrücklich gegen eine Unterscheidung von Melodien und Passagen in dem Sinn, daß Melodien deutlicher zu artikulieren seien als Passagen. Er nahm sich die Zeit, die Artikulation jeder Passage festzulegen (wobei er sich besonders auf Mozart-Konzerte konzentrierte), und als Beweis zitierte er das Seitenthema des ersten Satzes aus dem A-Dur-Klavierkonzert KV 488. Im siebten Takt dringt eine scheinbare Passage (wo sich in Wirklichkeit nur die Melodie etwas schneller bewegt) in ein lyrisches Thema ein:

Beispiel 5

Schnabel machte auch darauf aufmerksam, daß Legatomelodien keineswegs mit größerer Artikulation gespielt werden sollten als andere Melodien. Die Regeln für die Artikulation gelten bestimmt genauso für Staccatomelodien, wie zum Beispiel die »singende Staccatomelodie«, die sich den ersten acht Takten von Beethovens A-Dur-Sonate op. 2 Nr. 2 anschließt.[1]

Schnabel war überzeugt, daß bei der Aufführung von Bachs Werken das übertriebene Herausarbeiten von Gegensätzen durch kurze und lange, betonte und unbetonte Noten innerhalb einer Phrase die weitaus wichtigeren Aspekte der Artikulation leicht in den Schatten stellen kann. Im allgemeinen vermied er eine Betonung einzelner Noten oder Taktteile, da Artikulation sich immer direkt auf die Gestalt eines ganzen Abschnitts und nicht auf die einzelnen Elemente einer Phrase bezieht.

[1] Siehe auch die D-Dur-Episode des zweiten Satzes von Beethovens Sonate op. 28.

IV
Melodische Artikulation

Der Ausdruck »melodisch« ist hier im weitesten Sinne des Wortes zu verstehen. Er bezieht sich auf jede Auf- oder Abwärtsbewegung oder Fixierung der Tonhöhe irgendeiner Stimme innerhalb der musikalischen Struktur und nicht nur auf das, was man bewußt als sogenannte Melodie hört. Um die natürliche Artikulation melodischer Linien zum Ausdruck zu bringen, ist es nötig, zuerst einmal beim Lesen und Zuhören das melodische Auf und Ab als solches zu begreifen, das heißt unabhängig von Harmonie, Rhythmus, Phrasenlänge und Metrum.

Diese Isolierung der Melodie ist unerläßlich überall da, wo der Komponist die Melodie beibehält, während er die Harmonisierung verändert, wie es bei Variationswerken manchmal geschieht. In Variation VI der »Eroica«-Variationen op. 35 von Beethoven werden die unveränderten Noten des Es-Dur-Themas in c-Moll harmonisiert: Die Gestaltung der Melodie muß selbstverständlich unverändert bleiben, also wie beim Thema. Mit anderen Worten: die melodische Artikulation ist nicht von der Harmonie abhängig, und der Pianist darf sich nicht durch die linke Hand ablenken lassen. Er muß die Melodie als solche hören. Ähnliches gilt für alle Cantus-firmus-Musik einschließlich der Bachschen Choralharmonisierungen.

Kanons und Fugen, die alten wie die neuen, bieten viele Beispiele, wo sich Rhythmus und Metrik verändern, während der melodische Ablauf gleichbleibt (gewöhnlich das Thema selbst). Das Hauptproblem für den Pianisten liegt nun darin, die charakteristischen, und zwar besonders die dissonanten, Intervalle der Melodie deutlich hervorzuheben, ungeachtet dessen, was mit dem Rhythmus geschieht. Einer anderen Sachlage begegnen wir in der Coda des ersten Satzes von Beethovens E-Dur-Sonate op. 109: Dort verwendet Beethoven absichtlich in einer entscheidenden Phrase dieses Abschnitts, sowohl am Anfang als auch am Ende, die gleichen drei Noten: gis', cis'' und h'; er verändert aber nicht nur ihre Harmonisierung, sondern auch ihre metrische Funktion innerhalb der Phrase.

Beispiel 6

Schnabel betonte das Identische der melodischen Linien dadurch, daß er an beiden Stellen ein Crescendo im Legatissimo zum cis'' machte. Auf ähnliche Weise spielte er im »Italienischen Konzert« BWV 971 von Bach die Takte 27 bis 30 so, daß die zweimalige Folge f''-e''-f'' in der Oberstimme, obwohl sie in verschiedenen Rhythmen erscheint, in ihrer melodischen Identität wahrgenommen werden konnte.

Schnabel unterschied zwei Arten melodischer Artikulation: melodische Orientierung an einer Note und Auf- und Abbewegungen der Melodielinie.

1. Melodische Orientierung an einer Note

Diese Note kann dreierlei sein: 1. Ausgangspunkt, 2. Schwerpunkt, 3. Zielnote.

Zu 1. Die erste Note des Intermezzos in es-Moll op. 118 Nr. 6 von Brahms ist als Ausgangspunkt für die gesamte unbegleitete, aus zwölf Noten bestehende Melodie zu artikulieren. Die Melodienoten sind ausschließlich ges'' (fünfmal), f'' (viermal) und es'' (dreimal). In der Melodie zeigt sich ein zunehmend hoffnungsloser Versuch, das ges'' des Anfangs festzuhalten. Dreimal kehrt die Melodie von unten zu dieser Note zurück; dieser Aufstieg muß jedesmal etwas stärker betont werden. Beim vierten Mal bildet das ges'' jedoch nur die unbetonte vorletzte Note eines umgekehrten Doppelschlags auf f'', der sich zum letzten es'' der Melodie auflöst.

Die hier erwähnten Nuancen des Spiels sind so klein und zart, daß sie wohl kaum die Einheit der Melodie stören. Es sind keine Phrasierungen, nur Schattierungen, und Schnabel sagte oft bei solchen Gelegenheiten: »nur für den Spieler selbst«, womit er meinte, daß Zuhörern diese Feinheiten nicht bewußt werden sollten.

Der Anfang von Schuberts Sonate in G-Dur op. 78 ist ähnlich aufgebaut:

Beispiel 8

Das erste h' wird durch ein zweites einen halben Takt später bestätigt, aber das dritte h' am Anfang des zweiten Taktes bleibt unbetont (was der Pianist unbedingt beachten muß);[1] denn hier beginnt eine längere Phrase, die in einem Bogen von oben zum vierten und abschließenden h' führt.[2]

Ein weiteres Beispiel, aus dem *Rondo alla Turca* in Mozarts A-Dur-Sonate KV 331:

---

1 Das Zeichen »U« bedeutet, daß die betreffende Note unbetont ist.

2 Schubert baut das Seitenthema des Finales seiner großen C-Dur-Symphonie D. 944 ähnlich auf, nur macht er hier seine Absichten deutlich, indem er sämtliche der wiederholten Töne außer dem fünften mit einem Akzentzeichen versieht.

Die Melodie bewegt sich anfänglich nach oben, beginnt dann aber sofort in einem ausgedehnten, aus Achteln bestehenden Melodiebogen abzusteigen. Das cis''' am Anfang des zweiten Taktes leitet diese Abwärtsbewegung ein und darf deswegen nicht betont werden.

Beim Auf und Ab des Tonleiterspiels bildete der Wendepunkt (das heißt der höchste Ton) nach Schnabel schon die erste Note des Abstiegs und mußte daher unbetont bleiben. Schnabel sagte zum Beispiel, daß Anfänger die C-Dur-Tonleiter nur von c bis h üben sollten, um sich daran zu gewöhnen, das hohe c nicht als Ende, sondern als Beginn des Abstiegs zu hören.[1]

Zu 2. Manchmal wird die Hauptnote zum Mittelpunkt der melodischen Linie, und die Melodie scheint um ihn zu kreisen. Schnabel erklärte das Variationsthema in Beethovens E-Dur-Sonate op. 109 als »um das e' kreisend«. Diese Note erscheint viermal: zweimal im Terz-Abstieg von gis', einmal im Quint-Abstieg von h' und zuletzt im Sext-Aufstieg vom tiefen gis:

Beispiel 10

1 Er empfahl dies auch, weil es schwer ist, den vierten Finger der rechten Hand nach dem fünften deutlich zu spielen. Der Hauptgrund für diesen Ratschlag war jedoch musikalischer Natur.

Wenn der Pianist diese Struktur erfaßt hat, wird er im 1., 3., 5., und 7. Takt die Betonung in der Oberstimme eher auf das zweite als auf das erste Viertel legen.[1]

Zu 3. Große Beachtung schenkte Schnabel den vielen Fällen, wo die letzte Note entscheidend für die Artikulation einer Melodie ist. Besonders bei Schumann kommt dies oft vor. So besteht der Mittelteil des vierten Stückes der »Kreisleriana« aus zweitaktigen Phrasen, die jeweils auf d' enden, und zwar eine Oktave tiefer als der erste Anfang. Es ist nicht leicht, dieses »Sich-in-den-eigenen-Schwanz-beißen« der Melodie hier deutlich zu machen, denn beide Male besteht die Gefahr, daß die Phrasenmitte g' als Phrasenende gehört werden kann:

Beispiel 11 a

Wenn der Pianist nicht achtgibt, zerstört er die Einheit der Linie dadurch, daß er die Musik in vier halbe Phrasen zerlegt:

Beispiel 11 b

Der zweite Takt ist nämlich eine Wiederholung des ersten, um eine Quart tiefer; das Ohr wird dadurch leicht getäuscht. Um diese Ablenkung zu vermeiden, sollte der Pianist den diatoni-

---

[1] Dadurch werden diese vier ungeraden Takte mehr betont als die geraden. Interessant ist, daß der amerikanische Pianist Leon Fleisher, ein Schnabel-Schüler, in einer Diskussion die Takte 2, 4, 6 und 8 – nach Schnabels Auffassung weniger betonte Takte – zunächst für wichtiger hielt, mit der Begründung, daß an diesen Stellen das h auf dem zweiten oder dritten Viertel erreicht wird. Schließlich stimmte er aber Schnabels Analyse zu: das Thema könne nicht *molto cantabile* bleiben, wenn die Betonung auf die letzte Note der Phrase verschoben wird.

schen Aufstieg von fis' zu b' (in Beispiel 11 von der dritten zur sechsten Note) als eine Einheit hören.

Ein ähnliches Beispiel entdeckte Schnabel im Finale von Schumanns Fantasie op. 17:

Beispiel 12

Beide Phrasen enden auf a', und es ist wichtig, daß man sie nicht durch ein Verweilen auf der höchsten Note in der Mitte unterbricht.

Als Schnabel das Finale von Beethovens »Pathétique« (c-Moll op. 13) für seinen letzten Klavierabend (im Januar 1951) vorbereitete, faszinierten ihn die b's am Ende der beiden Phrasen des Seitenthemas. Um für andere hörbar zu machen, was er selbst innerlich hörte, trennte er die beiden Phrasen, indem er das erste b' etwas länger aushielt und dann das zweite ziemlich leise, fast als Echo des ersten spielte:

Beispiel 13

2. Auf- und Abbewegungen der Melodielinie

Melodische Bewegungen können aufwärts oder abwärts gehen, statisch sein (wie zum Beispiel bei Orgelpunkten), unterbrochen werden oder kontinuierlich fortlaufen. Das zehnte Kapitel wird uns zeigen, wie melodische Bewegungen die Struktur von Kompositionen entscheidend beeinflussen können. Wie stark diese Bewegungen hervorgehoben werden sollten, ist einzig eine Frage des guten Geschmacks. Schnabel sagte einmal, guter Geschmack könne von nichts anderem abgeleitet werden und müsse deshalb immer über alle anderen Fähigkeiten des ausgebildeten Künstlers hinaus entwickelt werden. Zum Teil ist Geschmack aber auch abhängig von der Persönlichkeit des Künstlers, von seiner Entwicklung, seinem Alter und sogar manchmal – wogegen nicht das geringste einzuwenden ist – von seinen täglichen Stimmungsschwankungen. Deshalb kann der Geschmack nicht ein für allemal festgelegt werden.

Die Bedeutung melodischer Bewegungen kann vielleicht zunächst am besten an einer Nicht-Bewegung, dem Orgelpunkt, gezeigt werden.

Im Finale des Klavierkonzerts in A-Dur KV 488 von Mozart beginnt das zweite Solo in Takt 62 ff. mit einem Orgelpunkt auf a, der sich durch vier Takte hinzieht; dann steigt der Baß diatonisch zum h und cis' hinauf:

Beispiel 14

Diese Baßstruktur verstärkt den Impuls da, wo die zweite Hälfte der Phrase beginnt. Um das deutlich herauszubringen, muß der Pianist als Vorbereitung die wiederholten Baßnoten am Anfang alle gleich stark betonen. Ähnliche Anweisungen gab Schnabel für das Händel-Thema, über das Brahms seine Variationen op. 24 schrieb, besonders für Takt 3.

Selbst wenn sie sich nicht weiterverwandeln, haben Orgelpunkte auch melodische Substanz und müssen deshalb artikuliert werden. Schnabel bestand auf einer deutlichen Artikulation der Sechzehntel-Wiederholungen auf g' bei der c-Moll-Variationen im zweiten Satz von Schuberts a-Moll-Sonate op. 42, da sie das wichtigste Hilfsmittel darstellen, um Leben

41

in das Stück zu bringen. Gleiches gilt für die Artikulation und Klarheit des abschließenden Orgelpunktes auf dem tiefen H bei der Coda der h-Moll-Rhapsodie op. 79 Nr. 1 von Brahms. Beim zweiten Solo des letzten Klavierkonzerts, in B-Dur KV 595, von Mozart wird im Finale der Grundton B die ganze Phrase hindurch beibehalten (siehe Beispiel 151). Die Betonung, die dem Orgelpunkt als solchem zukommt, muß gleichmäßig auf die vier wiederholten Baßnoten verteilt werden, damit sie wie regelmäßige Glockenschläge klingen. Pianistisch gesprochen bedeutet das, daß man jeden dieser Töne mit einem separaten Anschlag erzeugen muß, der sich jedoch auf die Kontinuität der Oberstimme nicht auswirken darf – ein Dilemma, das eine der spezifisch technischen Schwierigkeiten schafft, die aus musikalischer Notwendigkeit entstehen, wie schon in Kapitel II, Seite 27, erwähnt wurde.[1] Hierher gehört auch Variation XXIII der c-Moll-Variationen WoO 80 von Beethoven, wo das G eine solche Sonderbehandlung erfährt. In allen diesen Beispielen sollten die wiederholten Töne die natürliche Ähnlichkeit von Blättern desselben Baumes haben und nicht die maschinelle Ähnlichkeit von Fließbandprodukten. Schließlich sei erwähnt, daß Orgelpunkte auch in der Oberstimme vorkommen können, wie zum Beispiel das beharrliche fis" im Trio des Menuetts der G-Dur-Sonate op. 78 von Schubert: Das gleiche fis" taucht, vielleicht unter dem Einfluß der Schubert-Melodie, im H-Dur-Trio der h-Moll-Rhapsodie op. 79 Nr. 1 von Brahms wieder auf. In beiden Werken muß der Glöckchen-Charakter des fis" deutlich herauskommen.

Wenn die Melodie sich aufwärts oder abwärts bewegt, ist es mitunter von Nutzen, eine vereinfachte Fassung der Musik herzustellen, um in der Lage zu sein, eine lange Melodie ganz zu erkennen. Bei einer Unterrichtsstunde über Beethovens Fantasie op. 77 spielte Schnabel die erste Phrase (15 a) wie folgt (15 b):

---

[1] Ähnlich steht es am Ende der Exposition der Sonate in D-Dur op. 10 Nr. 3 von Beethoven.

Beispiel 15 a, 15 b

Damit wollte er zeigen, daß die Kadenz hier im Abstieg erreicht wird und daß die Melodieführung deshalb nicht durch Überartikulation des rhythmischen und melodischen Details unterbrochen werden soll.

Schnabel war der Meinung, daß im allgemeinen, wenn sich Auf und Ab im Laufe einer melodischen Folge abwechseln, die Aufwärtsbewegung wichtiger ist und deshalb mehr Aufmerksamkeit verlangt. Beide Bewegungen können in einem einfachen Modell kombiniert werden, wie im Finale von Mozarts Klavierkonzert in C-Dur KV 467, Takt 128 ff.:

Beispiel 16

oder in einem mehr kunstvollen Zickzackmuster, wie im ersten Satz desselben Konzerts, Takt 270–273:

Beispiel 17

Melodische Aufwärtsbewegungen müssen besonders dann betont werden, wenn sie in verschiedenen Teilen des Taktes vorkommen, wie in Variation XIV der c-Moll-Variationen von Beethoven:

Diese Betonung der steigenden Melodien ist typisch für Vo-
kalmusik, weshalb die langsamen Sätze von Mozarts Sonaten
und Konzerten, die als Arien konzipiert sind, nur dann zum
eigentlichen Leben erwachen, wenn der Pianist jeden Anstieg
der Tonhöhe klar zu Gehör bringt, wie Schnabel es selbst tat
und seine Schüler lehrte.

Es stellt sich die Frage, *wie* man betonen soll. Bei langsamer
Musik ist es möglich, ein kleines Crescendo von der unteren
zur oberen Note zu machen, besonders bei Zickzack-Steigun-
gen, wie am Ende des langsamen Satzes im vierten Klavierkonzert von Beethoven:[1]

Beispiel 19

In Fällen wie Beispiel 16 wäre, obwohl Kullak und seine Zeitgenossen dafür plädierten, ein Crescendo und Diminuendo
beim Steigen und Fallen für unseren heutigen Geschmack
schrecklich, und Schnabel warnte ausdrücklich davor. Einmal
äußerte er: »Wo die Not' am höchsten, ist der Lärm am größten.« Besser ist es, hier das Ziel auf andere Weise zu erreichen: Die Noten werden in den aufwärtssteigenden Tonleitern
mehr voneinander abgesetzt, während die der abwärtsgehen-
den mehr wie ein langsames Glissando zu spielen sind. In
Beispiel 17 ist es am besten, die fünf aufsteigenden Töne so zu
spielen, als ob ein zweites Klavier bei diesen Noten mit dem
ersten unisono verbunden sei, das heißt, ohne Crescendo, aber
etwas voller als die restlichen drei Noten.

1 Ich höre noch heute Schnabel bei jeder Zweier-Notengruppe »hinauf,
hinauf« singen, wenn er dies demonstrierte.

Die größte Gefahr für klare Artikulation bei melodischen Aufwärtsbewegungen liegt in der schlechten Gewohnheit vieler Pianisten, die erste Note jeder gespielten Phrase zu betonen, und zwar besonders bei aufsteigenden Tonleitern und Arpeggien. Meistens sind sie sich dessen nicht bewußt, weil sie einfach aus Gewohnheit am Anfang die Hand auf die Tastatur fallen lassen und dabei einen Akzent verursachen. Das kann man unter anderem in Variation XVIII von Beethovens c-Moll-Variationen WoO 80 beobachten. Schnabel wiederholte unermüdlich, daß Akzente einen unterbrechenden Effekt haben. Wenn man zum Beispiel einen fortlaufenden Strom schneller Melodienoten unterbrechen will, betont man die Note, mit der die neue Phrase anfangen soll, vor allem, wenn dieser Anfang zwischen Taktteilen liegt. Wenn man aber nicht unterbrechen will, muß man sich darauf konzentrieren, Akzente an Stellen zu vermeiden, an denen es sonst eine Unterbrechung geben könnte (siehe Beispiel 66).

Ein gutes Beispiel dafür, wie kompliziert diese Regeln sind, findet man am Anfang der Einleitung zu Beethovens Es-Dur-Klavierkonzert op. 73:

Beispiel 20 a, 20 b

Hier neigt man gern dazu, jeweils das erste der vier Sechzehntel zu betonen, wodurch nicht nur die fließende Bewegung der Passage unterbrochen wird: man betont auch die absteigende Tendenz der vier Teilphrasen, statt die langsam aufsteigende Tendenz der gesamten Passage klar hervortreten zu lassen. Schnabel riet seinen Schülern deshalb, sich auf die charakteristischen Intervalle zu konzentrieren, die die letzte Note jeder Gruppe mit der ersten Note der nächsten Gruppe verbinden, wie in Beispiel 20 b gezeigt wird. Bei der Aufführung erreicht man das einfach, indem man diese beiden Noten ausreichend voneinander trennt, ohne die eine oder die andere besonders zu betonen oder die Phrasen zu verzerren.

In manchen Fällen wird eine Aufwärtsbewegung paradoxerweise durch ein Diminuendo oder ein *subito piano* betont, wie es Beethoven für den Schluß des Rondothemas seiner e-Moll-Sonate op. 90 vorschreibt. Ein Diminuendo kann in den Takten 5 und 6 im langsamen Satz seiner A-Dur-Sonate op. 101 gemacht werden. Im ersten Takt der f-Moll-Sonate op. 5 von Brahms empfahl Schnabel ein Diminuendo vom zweiten zum dritten Viertel als wirkungsvollste Methode, den Anstieg der Tonhöhe hervorzuheben. Das Thema des ersten Klavierkonzerts von Brahms (d-Moll op. 15) hat Akzente nur auf den Noten des Anfangstaktes, nicht im folgenden Takt (der bereits höher beginnt und weiter aufsteigt). In der Reprise, wo das Klavier dieses Thema übernimmt, unterschied Schnabel sorgfältig zwischen diesen zwei Takten.

Die melodische Bewegung einer Phrase erstreckt sich gewöhnlich von der ersten Note bis zur letzten. Dieser Ablauf soll nicht gestört werden, besonders nicht durch Akzente auf Spitzentönen, die in der Mitte der Melodie vorkommen, wie in Takt 16 und 18 im ersten Satz von Mozarts a-Moll-Sonate KV 310:

Beispiel 21

Hier darf kein Akzent auf das c''' gesetzt werden.

Manchmal kann man die Einheit einer langen Melodie dadurch bewahren, daß man bestimmte melodische Steigungen in der Mitte unauffällig unterstützt; Steigungen von starken zu schwachen Taktteilen, wie im Seitenthema der H-Dur-Sonate D. 575 von Schubert,

Beispiel 22

und solche über dissonanten Intervallen eignen sich besonders dazu. Letzteres ist verhältnismäßig häufig bei Themen von Bach der Fall, kommt aber auch bei Beethoven vor, wie zum Beispiel im ersten Satz der »Waldstein«-Sonate op. 53, Takt 31–33:

Beispiel 23

und der entsprechenden Stelle im B-Dur-Trio op. 97, dem »Erzherzog«-Trio, von Beethoven, Takt 49–51:

Beispiel 24

Schnabel war äußerst empfindlich (vielleicht sogar überempfindlich) gegenüber störenden melodischen Akzenten in der Mitte einer Phrase, und er ließ daher auch das übliche Betonen der Appoggiatura-Noten bei lyrischen Themen nicht zu, wie zum Beispiel im ersten Takt des langsamen Satzes der c-Moll-Sonate op. 10 Nr. 1 von Beethoven:

Beispiel 25

Doppelte Vorsicht ist geboten, wenn die höchste Note auf einen schweren Taktteil fällt, wie beim Seitenthema der Sonatine in G-Dur op. 49 Nr. 2 von Beethoven:

Beispiel 26 a   Beispiel 26 b

Beispiel 26 c

Die höchste Note muß als Appoggiatura (Beispiel 26 b) verstanden werden, und Schnabels Schallplattenaufnahme dieser Phrase, und zwar an allen drei Stellen, deutet an, daß er die Stelle im (versteckten) $^3/_4$-Takt hörte, um von der Betonung schwerer Taktteile wegzukommen (siehe Beispiel 26 c).

Kaum je wurde das zweite Klavierkonzert von Brahms für Schnabel gespielt, ohne daß er sagte: »Das es''' auf dem vierten Viertel des ersten Solotaktes darf keinen Akzent bekommen.« (Siehe Beispiel 176)

Wie schon beschrieben, vermied Schnabel bei tonleiterähnlichen Passagen Akzente auf Spitzentönen dadurch, daß er die oberste Note als unbetonten Anfang des Abstiegs und nicht als Ende des Aufstiegs betrachtete. Manchmal phrasierte er (auch aus technischen Gründen) zu der Note hin, die der höchsten Note folgt, wie in Mozarts Klavierkonzert in A-Dur KV 488, Beispiel 112, wo er zum elften Sechzehntel (dem zweiten hohen d''') im ersten Takt und entsprechend zum hohen h'' im drauffolgenden Takt hinspielte.

Zum Abschluß sei auf eine Vorliebe Schnabels hingewiesen: Bei auftaktigen Stellen einer lyrischen Melodie, wo dieselbe Note dreimal hintereinander erscheint, und zwar so, daß sie das erste- und drittemal auf eine Zählzeit fällt, betonte er den zweiten, mittleren Ton, wahrscheinlich um der Neigung entgegenzuwirken, auch nur den geringsten metrischen Akzent zu setzen. Im Finale von Beethovens Sonatine in G-Dur op. 49 Nr. 2 schlägt er in seiner Ausgabe folgendes vor:

Beispiel 27

und im abschließenden Rondo von Schuberts A-Dur-Sonate D. 959 spielte er das Seitenthema mit folgender Artikulation:

Beispiel 28

V

Harmonische Artikulation

Das Ziel der harmonischen Artikulation ist, ganz einfach, Klarheit in die nacheinander ablaufenden Harmonien, ihre Funktionen und ihre Farben zu bringen, wie wenn man eine Continuo-Begleitung ausarbeitet. Im Gegensatz zur melodischen Artikulation betrifft dies alle Teile der musikalischen Textur. Damit der Interpret dieser Aufgabe gerecht werden kann, muß er gelernt haben, Harmonien als solche zu hören, also ohne Rücksicht auf Melodie und Rhythmus. Dazu ist es nützlich, Variationswerke der Klassik zu studieren, weil dort Harmonik und harmonische Rhythmen meistens gleichbleiben, während Melodie und Rhythmus sich von einer Variation zur andern verändern. Im langsamen Satz des B-Dur-Klavierkonzerts KV 450 von Mozart empfahl Schnabel in Takt 10, ein Crescendo von der Harmonie des ersten Viertels (c-Moll) zur Harmonie des zweiten Viertels (As-Dur) zu machen; dieses Crescendo sollte dann in allen Variationen wiederholt werden (Takte 34, 42 usw.; siehe Beispiel 182).

Bei einem plötzlichen Wechsel in der Melodie oder im Rhythmus vergißt der Interpret manchmal, daß die Harmonik sich trotzdem fortsetzt. Zum besseren Verständnis der letzten sieben Takte des ersten Satzes von Beethovens As-Dur-Sonate op. 110 ist es ratsam, einmal probeweise nichts als die wichtigsten Noten zu spielen:

Beispiel 29

Trotz des plötzlichen Bewegungs- und Registerwechsels zwischen den ersten beiden Takten dieses Beispiels gehören sie harmonisch gesehen als Eröffnungstakte einer Kadenz zusammen. Aus diesem Grund gruppiert Schnabel sie in seiner Ausgabe innerhalb derselben metrischen Periode – was manchmal die Benutzer verwirrt.

Der Schluß einer Phrase ist nicht unbedingt mit einem Harmoniewechsel verbunden. Wenn die Harmonie sich in die neue Phrase fortsetzt, muß sich der Interpret sozusagen auf Zehenspitzen einschleichen. So sind beispielsweise viele Anfangsthemen klassischer Sonaten nach dem Prinzip der Sonett-Technik aufgebaut, so daß Tonika- (T) und Dominantharmonien (D) sich in den ersten vier Takten als T-D-D-T abwechseln; die Melodie verläuft dagegen symmetrisch, das heißt, Takte 3 und 4 reimen sich mit Takten 1 und 2. Diesen Aufbau findet man zum Beispiel in der C-Dur-Sonate op. 2 Nr. 3 von Beethoven. Die Harmonie des zweiten Taktes ist ein reiner Dominantakkord, zu dem in Takt 3 die Septime hinzukommt. Trotzdem soll dieser dritte Takt, wie Schnabel ausdrücklich betonte, als Fortsetzung des zweiten gehört werden und darf deshalb keinen Akzent im Baß bekommen, damit der Zuhörer bemerken kann, daß Takt 2 und 3 fast identisch sind. Daraus ergibt sich eine Betonung der beiden C-Dur-Akkorde am Anfang und am Ende der Phrase, welche die Symmetrie der Melodie in der rechten Hand ausgleicht, die sonst leicht trivial klingt:

Beispiel 30

Vom Standpunkt des Interpreten – nicht des Zuhörers – erhöht sich die Intensität einer Harmonie umgekehrt proportional zu ihrer Dauer: Je weniger lang eine Harmonie erklingt, um so wichtiger ist es, sie zu betonen. Die ersten vier Takte des »Moment musical« in f-Moll op. 94 Nr. 5 von Schubert bestehen aus drei Takten Tonikaharmonie und einem Takt (dem dritten) mit subdominanter Harmonie:

Beispiel 31

Dieser Takt muß so betont werden, daß die letzten zwei Takte als Plagalschluß erscheinen. Im ersten Satz von Beethovens Sonate in D-Dur op. 10 Nr. 3 findet sich in der Überleitung ein ähnliches Beispiel (siehe Beispiel 67). In diesem Fall ist es in der zweiten Hälfte des ersten Taktes die erste Umkehrung des Dominantseptakkordes, der sonst leicht in der h-Moll-Tonika untergeht.

Die vom Komponisten gewählte Dichte der Stimmen hat ebenfalls einen Einfluß auf die harmonische Artikulation. Hie und da ließ Schnabel eine Stelle dadurch neuartig klingen, daß er einen vom Komponisten dünn gesetzten Akkord zum Ausgleich etwas hervorhob. Gleich am Anfang der h-Moll-Sonate von Chopin ist die Subdominante auf dem dritten und vierten Viertel des ersten Taktes wesentlich voller als die vorhergehende Tonika. Um das Gleichgewicht herzustellen, das er für notwendig hielt, machte Schnabel einen *poco-sforzato*-Akzent in der linken Hand auf dem zweiten Viertel; dadurch erschien der Takt leicht synkopiert. Das zweite Viertel spielte er außerdem ziemlich früh; dadurch vervollständigte er das erste Viertel und betonte es rückwirkend. Das Pedal wurde während beider Viertel gehalten. Die darauffolgende Subdominante spielte er dann verhältnismäßig leise, als Auftakt zum zweiten Takt:

Beispiel 32

Um eine Harmonie artikulieren zu können, muß man erst feststellen, welche Harmonien der Komponist im Sinn hatte. Das ist, besonders bei Passagen *al unisono*, gar nicht so einfach. In Kapitel VIII werden wir einigen unklaren Fällen dieser Art begegnen. Schnabel harmonisierte gern im Geist die unbegleiteten chromatischen Läufe, die er in den Werken der Klassik vorfand; entweder als übermäßige Dreiklänge, mit jeder vierten, oder als verminderte Septakkorde, mit jeder dritten Note als Bestandteil des Akkords. Letzteres ist in der Coda der Sonate in d-Moll op. 31 Nr. 2 von Beethoven der Fall:

Beispiel 33 a

Beispiel 33 b

In der klassischen Musik können ungewohnte Akkorde und überraschende Dissonanzen dem unaufmerksamen Zuhörer oft entgehen, weil sie entweder durch ausgehaltene Noten vorbereitet worden sind oder einfach sehr schnell gespielt werden. Ein Beispiel für den ersten Fall findet sich in der Sonate »Les Adieux« op. 81a von Beethoven, Allegro-Teil des ersten Satzes, Takt 34 und 38:

Beispiel 34

Die scharfe Dissonanz zwischen d''' in der rechten und cis' in der linken Hand bleibt meistens unbeachtet, weil der Pianist, bis er das cis' spielt, das d''' schon vergessen hat und weil er in der linken Hand mehr e' als cis' spielt.

Die folgende Geschichte illustriert, wie harmonische Finesse einfach durch übergroße Geschwindigkeit verlorengehen kann und wie sorgfältig Schnabel in die Musik hineinhörte, die er selbst spielte: Eines Tages gab er als Rätsel auf, den Komponisten der nachstehenden Sequenz zu erraten:

Beispiel 35 a

Die Auflösung des Rätsels war für uns recht überraschend: Mozart! Diese dissonante Tonfolge, die täuschend einfach klingt, wenn sie im richtigen Tempo gespielt wird, stammt aus dem Finale der B-Dur-Sonate KV 333 (Takt 216):

Beispiel 35 b

Als ein Aspekt der harmonischen Artikulation müssen auch Eigentümlichkeiten der Stimmführung in Betracht gezogen werden, wie zum Beispiel absichtliche oder auffällige parallele Quinten. Dazu erinnere ich mich an zwei Beispiele, auf die Schnabel beim Unterricht hinwies: Schuberts posthume Sonate in c-Moll D. 958, Finale, Takt 249:

Beispiel 36

und Mozarts letzte Klaviersonate, in D-Dur KV 576, Finale, Takt 105:

Falls der Komponist nicht die Absicht hatte, auf die parallelen Quinten hinzuweisen, sollte man durch entsprechende Phrasierung von ihnen ablenken. Wenn Beethoven in Takt 21 des langsamen Satzes der »Pathétique« im Baß ein as-es' nach einem c-g' zuläßt, will er, daß diese beiden Akkorde wie von verschiedenen Instrumenten gespielt klingen. Schnabel trennte diese Akkorde durch eine deutliche Zäsur.

Schnabel lehnte in den meisten Fällen die alte Regel[1] ab, daß Dissonanzen lauter gespielt werden müssen als ihre konsonanten Auflösungen.

Leise und schnelle Dissonanzen aber, wie zum Beispiel die Nonen in Takt 22 f. im ersten Satz von Beethovens Sonate in As-Dur op. 110, müssen deutlich gehört und daher deutlich gespielt werden, besonders wenn sie sofort aufgelöst werden; diese Regel wurde zuerst von Arnold Schönberg formuliert.[2]

Insgesamt war Schnabels Lösung genauer und subtiler: In einem dissonanten Akkord, der scharf klingen soll, müssen diejenigen Töne, die dissonante Intervalle verursachen, wie zum Beispiel große Septen, lauter gespielt werden als die anderen Töne. Beim Dominantseptnonakkord in Moll entsteht die schärfste Dissonanz zwischen dem Grundton und der None, und diese beiden Töne, wo immer sie auch innerhalb des ganzen Akkordes liegen, müssen lauter als die drei übrigen gespielt werden. Obwohl Pianisten meist die None betonen, vernachlässigen sie den ebenso wichtigen Grundton. Für solche Fälle gab Schnabel den Rat, beim Üben diese zwei

1 Carl Philipp Emanuel Bach, Versuch über die wahre Art das Klavier zu spielen, hrsg. v. W. Niemann, Neudruck Lindau 1954, I, 3. Hauptstück, Kapitel 29.

2 Arnold Schönberg, Harmonielehre, 3. Auflage, Wien 1922, S. 389 ff.

Töne, Grundton und None, zuerst allein zu spielen, bis der dissonante Klang ins Bewußtsein des Pianisten eingedrungen ist und ihm auch dann noch deutlich hörbar bleibt, wenn der ganze Akkord gespielt wird.

Carl Philipp Emanuel Bachs Regel versagte nach Schnabels Meinung, weil sie die wahre Beziehung zwischen Dissonanz und Auflösung verkannte. Beide sind gleich wichtig. Wenn eine Dissonanz auf einen schweren Taktteil fällt und auf einem schwachen aufgelöst wird, braucht zwar nicht die Dissonanz, wohl aber die Auflösung Unterstützung von seiten des Spielers. Schnabel ging gelegentlich fast zu weit, um Auflösungen »in Schutz zu nehmen«. So schrieb er einer Schülerin in die Ausgabe von Mozarts G-Dur-Sonate KV 283 folgende Crescendo-Bezeichnungen (erster Satz, Takt 33):

Beispiel 38

Ich persönlich bezweifle, daß Schnabel selbst diese Passage bei einer Aufführung so gespielt hätte. Jedoch erschienen ihm diese Crescendi als das kleinere Übel, verglichen mit einer Aufführung, bei der man Auflösungsnoten einfach unter den Tisch fallen läßt. Ein ähnliches Beispiel ist im Trio des Scherzos von Beethovens Sonate op. 10 Nr. 3 zu finden:

Beispiel 39

Die zahlreichen Polonaisenschlüsse, in denen ein Dominantseptakkord auf dem dritten und letzten Viertel aufgelöst wird, gehören ebenfalls in diese Kategorie. Hier folgen, beliebig ausgewählt, drei weitere Beispiele: aus Beethovens Bagatelle op. 126 Nr. 5, Variation IV des letzten Satzes von Beethovens

Sonate in E-Dur op. 109 und Takt 7–8 des »Arlequin« aus Schumanns »Carnaval« op. 9:

Beispiel 40

Beispiel 41

Beispiel 42

Besondere Ereignisse in der Musik verlangen besondere Behandlung durch den Interpreten. Beethoven liebte zum Beispiel Tonleiterpassagen in Sextakkorden und verwendete sie bereits in seiner frühen f-Moll-Sonate op. 2 Nr. 1 (im Trio des Menuetts) und auch noch im Finale der A-Dur-Sonate op. 101 (am Anfang der Reprise). Für dieses Buch gab Schnabel mir folgendes Beispiel aus dem ersten Satz des vierten Klavierkonzerts (Takt 131 f.):

Beispiel 43

Er erklärte, daß der Unterschied zwischen solchen Passagen und gewöhnlichen Tonleitern in Sexten harmonischer Natur sei: Eine Tonleiter in Sexten wird als ein einziger harmonischer Klang gehört, während die Sextakkorde, wenn die zusätzliche Zwischennote genügend klar gespielt wird, so viel eigene Harmonie tragen, daß man rasche Harmoniewechsel von einem Akkord zum nächsten hört. Die Regel für den Interpreten, wie Schnabel sie aufstellte, heißt demnach: Man muß die Zwischennoten, und zwar alle, betonen, also die Terzen über den Baßnoten, oder anders definiert, die Quinten über dem Grundton. In Beispiel 43 bedeutet das praktisch gesprochen, wie Leon Fleisher es einmal formulierte: »Spielen Sie den linken Daumen deutlich.«

Die wichtigsten Artikulationsprobleme auf dem Gebiete der Harmonie tauchen im Zusammenhang mit harmonischen Kadenzen (Schlußkadenzen) auf. Wie bei Melodien sind die harmonischen Entwicklungen innerhalb einer Phrase auf das Ende hin ausgerichtet und werden dann konkret in der Schlußkadenz verwirklicht. Allgemein gesprochen besteht die Aufgabe also darin, den Zuhörer so bestimmt wie möglich zum Schlußakkord hinzuführen. Bei einer echten Kadenz bedeutet das, daß der Dominant(sept)akkord, der an vorletzter Stelle steht und gewöhnlich einem Quartsextakkord folgt, leise gespielt werden muß.[1] Oder wie Schnabel seinen Schülern immer zurief: »Spielen Sie über die Dominante hinweg!« Die ersten acht Takte des Anfangsthemas von Beethovens Es-Dur-Sonate op. 31 Nr. 3 bilden, harmonisch gesprochen, eine Kadenz: die Subdominante (mit zusätzlicher Sexte) in den ersten drei Takten; dann der Quartsextakkord der Tonika, der chromatisch über einen verminderten Septakkord erreicht wird, in den nächsten drei Takten; in den letzten zwei Takten ein Dominantseptakkord, der zum Schlußakkord über der Tonika in der Grundposition führt. Beethovens Bezeichnungen machen dieses Beispiel interessant:

1 Ausnahme: Beethovens G-Dur-Konzert, erster Satz, Takt 88 (ein einziges Viertel Dominante: muß betont werden, da es drei Vierteln Quartsextakkord folgt).

Der Quartsextakkord wird im Crescendo und Ritardando erreicht und dann in einer Fermate gehalten; der Dominantseptakkord im nächsten Takt wird leicht und rasch gespielt. Obwohl das alles stärker ausgeprägt ist als bei einer gewöhnlichen Kadenz, entspricht es doch weitgehend den Vorstellungen Schnabels, wie ein Pianist eine solche kadenzierende Harmonienfolge normalerweise zu behandeln habe.[1] Um Takt 7 leicht zu spielen, ist es wesentlich, daß man in der linken Hand keinen Akzent auf dem Schwerpunkt macht. Ähnliche Beispiele: Beethovens f-Moll-Sonate op. 2 Nr. 1, dritter Satz, Schluß des ersten Teils:

Beispiel 45

Finale von Mozarts C-Dur-Konzert KV 467, Takt 151 ff.:

---

1 Schnabel machte darauf aufmerksam, daß nur das Fortbestehen der *piano*-Bezeichnung hier etwas Außergewöhnliches darstellt (obwohl es durch den nachfolgenden Registerwechsel bei der Themenwiederholung gerechtfertigt ist). Normalerweise wäre ein kleines Crescendo von Takt 7 zu Takt 8 oder umgekehrt ein klangliches Nachlassen angebracht.

Schuberts Impromptu in c-Moll op. 90 Nr. 1, Takt 77:

Beispiel 47

Selbstverständlich muß es aber Ausnahmen geben, wo der Charakter einer Komposition es verlangt oder gestattet. Über die ersten acht Takte des Scherzos von Schuberts posthumer B-Dur-Sonate D. 960 sagte Schnabel: »Spielen Sie Takte 4 und 7 am besten« (= am gewichtigsten); siehe Beispiel 70. Sein intuitives Verständnis der Harmonien veranlaßte ihn wahrscheinlich zu dieser Empfehlung: Statt der üblichen Grundposition der Akkorde kommen in Takt 6 und 7 die Subdominante und der Dominantseptakkord jeweils in der zweiten Umkehrung vor. Die Baßnote c' in Takt 7 ist dabei, auf ihrem Weg vom und zum b, von besonderer Bedeutung.

Bei plagalen Kadenzen ist die Subdominante vor der Schlußtonika immer betont, so daß das Ende im Diminuendo erreicht wird, was etwa der Deklamation des Wortes »Amen«

gleichkommt. Siehe den Schluß des h-Moll-Scherzos von Chopin oder Takt 4 des ersten Solos in Mozarts A-Dur-Klavierkonzert KV 488 (Diminuendo vom zweiten zum dritten Viertel).

Gleichgültig, wie man im Einzelfall entscheidet: man kann nie die Dominante und die Tonika gleich stark betonen, ebensowenig wie beim Lesen von Gedichten Verbum *und* Subjekt. In Takt 8 der »Aufforderung zum Tanz« von Weber kann man entweder den Auftakt oder den folgenden Schwerpunkt betonen, aber nicht beide. Also entweder:

Beispiel 48 a

oder

Beispiel 48 b

aber nicht

Beispiel 48 c

Während bei einer Kadenz die Dissonanz (Dominantsept) *vor* der Tonika kommt, muß das bei früheren Stellen der Phrase nicht unbedingt der Fall sein: Hier kann die Tonika zum Dominantseptakkord *führen*. In der zweiten Themengruppe des Anfangssatzes von Beethovens »Hammerklavier«-Sonate in B-Dur op. 106

Beispiel 49 a

neigte Schnabel manchmal dazu, die Musik so zu hören und zu phrasieren, wie sie nachstehend in ihren Hauptnoten skizziert ist:[1]

Beispiel 49 b

In Beethovens C-Dur-Sonate op. 2 Nr. 3, Finale, gibt es eine ähnlich aufgebaute Stelle (Takt 30 ff.), die von Schnabel auch ähnlich gespielt wurde: Die beiden *sf*-Noten sind Auftakte für den nächsten Takt. Im Schlußrondo von Schuberts G-Dur-Sonate op. 78, Takt 35–37, fühlte Schnabel, der diesen Satz recht schnell spielte, daß jede Phrase bis zum dritten Viertel des Taktes reichte und auf einem alterierten Akkord endete:

Beispiel 50

Die Dissonanzen werden jedesmal erst dann aufgelöst, wenn die neue Phrase beginnt, und Schnabel tat noch ein übriges für die Pikanterie dieser Harmonisierung, indem er nach jeder Phrase den Bruchteil einer Sekunde wartete, ohne jedoch Puls oder Tempo störend zu beeinflussen. Sowohl in dem Beethoven-Beispiel als in dem von Schubert hält sich diese Interpretation insofern an den Notentext, als sich dort Akzente des Komponisten befinden, die, wenn man sie wie vorgeschrieben ausführt, die Musik genau an den Stellen unterbrechen, die Schnabel gern als Phrasenenden betrachtete. Er war allerdings gelegentlich inkonsequent und änderte die Phrasierung.

---

1 Ähnlich wäre mit dem fast identischen ersten Seitenthema der frühen Es-Dur-Sonate op. 7, erster Satz, Takt 50 ff., zu verfahren.

Bei unvollständigen (imperfekten) Kadenzen, sogenannten Halbschlüssen, wo am Ende der ersten Hälfte einer Melodie der Dominantakkord erreicht wird, der dann seinerseits die zweite Hälfte einleitet, wird gewöhnlich die Supertonika betont, die dem Dominanten-Halbschluß vorangeht. Mozart wiederholte solche Halbschlüsse gern mehrmals, und für solche Stellen fand Schnabel eine subtile Lösung. Hier folgen zwei Beispiele, eins aus dem Finale der Sonate in B-Dur KV 570:

Beispiel 51

das andere aus dem Finale des letzten Klavierkonzerts, B-Dur KV 595:

Beispiel 52

In beiden Fällen spielte Schnabel den Septakkord auf der Supertonika die ersten beiden Male »besser«, da er hier der neuere und bedeutendere der beiden Akkorde ist; das drittemal »überging« er ihn aber, weil er den abschließenden Dominantakkord mit mehr Endgültigkeit erreichen wollte. Praktisch gesprochen bedeutet das, daß sich die linke Hand keinen

Akzent erlauben kann, wo die Figur zum letztenmal wieder-
kommt.

Modulationen lassen sich nicht leicht in feste Artikulations-
regeln fassen. Selbstverständlich müssen, wenn man zu nah-
verwandten Tonarten moduliert, die neuen Noten deutlich
hervorgehoben werden, wenn sie zum erstenmal erklingen
(zum Beispiel Fis bei einer Modulation von C-Dur nach
G-Dur). Modulationen nach einer entfernten Tonart verlangen dagegen eine Betonung des (vielleicht einzigen) gemein-
samen Tones; dies gilt besonders für enharmonische Verwechslungen. Schnabel wollte zum Beispiel das letzte ais' im
vierten Stück von Schumanns »Papillons« op. 2 besonders klar
herausgebracht haben (linker Daumen), da dieses ais' gleich
am Anfang des nächsten Stückes zu B wird.

Sogar Einzelnoten können eine wichtige harmonische
Funktion haben, was den Interpreten dazu veranlassen sollte,
ihre Bewegung konsequent zu verfolgen, besonders wenn sie
die Funktion von Leittönen einnehmen, wie das h in Takt 400
(zweieinhalb Takte vor dem Prestissimo-Finale) der »Waldstein«-Sonate op. 53 von Beethoven; diese Note muß deutlicher zu hören sein als das d' und f' im selben Akkord.

Zum Abschluß sei erwähnt, daß die richtige Artikulation
bei atonaler Musik unter anderem darin besteht, daß man den
Anschein von Harmoniefolgen vermeidet, die vom Komponisten nicht beabsichtigt sind. Auch bei klassischen Werken gibt
es Noten mit atonaler Funktion. Schnabel faßte den zweiten
Teil der letzten Variation von Beethovens Sonate in E-Dur
op. 109 folgendermaßen auf:

Beispiel 53

Er sah die Staccato-Noten am Anfang jeder Vierergruppe als
»nicht-harmonische« Noten, die zeitweise höchst dissonante
Klänge erzeugen, was gerade in diesem Augenblick für den

Charakter und die Entwicklung dieser Variation entscheidend ist.

Harmonische und metrische Artikulation sind voneinander abhängig, da harmonische und metrische Spannung meist zusammen auftreten und verschwinden. Deshalb ist das nun Folgende als Ergänzung zu diesem Kapitel zu verstehen.

VI
Metrische Artikulation

Rhythmik und Metrik können als getrennte Kategorien innerhalb des Zeitelements gedacht werden. Nach der Standarddefinition Riemanns bezieht sich Metrik auf schwer und leicht, Rhythmik auf lang und kurz. Metaphorisch ausgedrückt: setzt man Metrik als Rahmen eines Bildes, so entspricht Rhythmus dem Bild selbst. Die Figur ♪♪♪ ♪ im Hauptthema des dritten Satzes der dritten Symphonie von Brahms mag als ein solches »Bild« gelten. Brahms stellt diese rhythmische Figur in verschiedener Weise in den Rahmen eines ³/₈-Taktes. Bei ihrem ersten Erscheinen beginnt sie mit dem Auftakt und endet mit dem ersten Achtel des nächsten Taktes:

Beispiel 54

Im nächsten Takt setzt sie am Taktanfang ein und endet auf dem zweiten Achtel.

Aus dieser Struktur entstehen zwei Aufführungsprobleme, ein rhythmisches und ein metrisches. Was den Rhythmus betrifft, muß es deutlich werden, daß die Figuren beide Male identisch sind. Die metrische Artikulation muß dem Zuhörer dagegen zum Bewußtsein bringen, daß die Figur beim erstenmal einen auftaktigen Rhythmus, bei der Wiederholung aber eine weibliche Endung hat. Dadurch wird die rhythmische Artikulation gefährdet, deren Ziel es doch ist, zu zeigen, daß die beiden Rhythmen gleich sind. Dieses Beispiel demonstriert, daß zwischen metrischer und rhythmischer Artikulation ein natürlicher Widerspruch besteht, der in jedem Einzelfall neu gelöst werden muß.

Dieses Kapitel beschäftigt sich zunächst mit der metrischen Artikulation, und zwar sowohl mit der Artikulation innerhalb

eines jeden Taktes als auch mit derjenigen von ganzen Takt-
gruppen (Perioden).

1. Der einzelne Takt

Bei jeder Taktart ($^4/_4$, $^3/_4$, $^6/_8$ usw.) hat der Taktanfang natür-
licherweise das meiste Gewicht. Der Lehre des späten 19.
Jahrhunderts zufolge (die sich auf die Theorie des 18. Jahrhunderts stützte), muß der Taktanfang daher betont werden.
Diese Regel wird bis heute beim Unterricht von Anfängern
befolgt. Sie zu durchbrechen, war eines von Schnabels Haupt-
zielen. Er war überzeugt, daß eine tonale Komposition in den
meisten Fällen Schwerpunkt und Metrik ganz deutlich von
selbst festlegt – warum dann das Selbstverständliche noch unterstreichen? Überstarkes Betonen des Schwerpunkts hat zur
Folge, daß der Rest des Taktes zu kurz kommt und, was weitaus wichtiger ist, daß die melodische Linienführung beein-
trächtigt wird, falls die Melodielinie sich über mehr als einen
Takt erstreckt. Dies kann sich sehr störend in Läufen auswirken, kommt aber auch bei eigentlichen Melodien vor, wie zum
Beispiel im ersten Satz von Mozarts Klavierkonzert in G-Dur
KV 453:

Beispiel 55

Wo aber ein metrischer Akzent auf dem Schwerpunkt unvermeidlich ist, ist er als Betonung des tiefsten Tones gedacht (in
Musik mit Begleitung) und nicht so sehr als melodischer Akzent. Eine Betonung des Schwerpunkts erzielt man nicht unbedingt dadurch, daß man ihn laut spielt, sondern oft dadurch,
daß man zum Schwerpunkt hin phrasiert oder daß man auf der
ersten Note (dem ersten Akkord) des Taktes etwas verweilt.

Einen Schwerpunkt noch zu unterstreichen, verlangte Schnabel nur dann, wenn ein synkopierter Rhythmus folgte, wie im Seitenthema des ersten Satzes der Sonate in G-Dur op. 31 Nr. 1 von Beethoven.

Die Standardregel, daß Synkopen zu betonen sind, muß sehr flexibel gehandhabt werden. Schnabel verbrachte viel Zeit damit, jeden Fall einzeln zu untersuchen. Zunächst sind Synkopenakzente anders geartet als gewöhnliche Akzente. Sie sind Aufstrichen auf Saiteninstrumenten vergleichbar. Schnabel verlangte, daß sie *quasi vibrato* gespielt würden, um eher hinaufgestrichen als gewichtig zu wirken. Er empfahl, dem jeweils nächstfolgenden guten Taktteil (auf dem keine Note angeschlagen wird) »wie einem Echo« der Synkope[1] zuzuhören, wie in Takt 45 ff. in Schuberts »Wanderer«-Fantasie und in den wiederholten G-Dur-Akkorden vor der Umkehrung des Fugenthemas in Beethovens Sonate in As-Dur op. 110.

Bei einer Reihe von synkopierten Noten muß zwischen den einzelnen Akzenten unterschieden werden. Wenn zum Beispiel im $^2/_4$-Takt die Begleitung aus synkopierten Achtelnoten besteht, sollten das zweite und das vierte Achtel nicht gleich laut sein. Im schnellen Tempo hört man Synkopen nach dem Schwerpunkt und nicht davor; aus diesem Grund ist die frühere Note die lautere. Es gibt viele Beispiele für solche Begleitfiguren in Schuberts Werken, zum Beispiel Takt 126 des Impromptus in c-Moll op. 90 Nr. 1:[2]

Beispiel 56

1 Siehe das Scherzo von Beethovens Cellosonate in A-Dur op. 69 und die Erklärungen Czernys über die Ausführung der Fingersätze Beethovens; in »Über den richtigen Vortrag der sämtlichen Beethovenschen Klavierwerke«, herausgegeben von Paul Badura-Skoda, Neuauflage Wien 1963, S. 90.

2 Siehe auch das Seitenthema des Finales seiner B-Dur-Sonate D. 960.

Schubert verlangt oft Synkopen, ohne sie klar zu notieren. Schnabel faßte die Begleitung des »Moment musical« in f-Moll op. 94 Nr. 3 folgendermaßen auf:

Beispiel 57

So spielte er das erste obere f' in der linken Hand lauter als das zweite und betonte – sehr vorsichtig – das erste Achtel jedes Taktes.

Der Unterschied zwischen den Taktarten ($^2/_4$, $^3/_4$, $^4/_4$) führt zu weiteren Komplikationen bei der metrischen Artikulation. Im $^4/_4$-Takt besteht das Hauptproblem der Metrik darin, wie man den dritten Taktteil behandelt. Viele Musiker ignorieren ihn entweder ganz oder betonen das dritte Viertel so stark wie das erste. Die Wahrheit liegt irgendwo zwischen diesen beiden Extremen. Was für den ganzen Takt gilt, gilt auch für den halben Takt. Auf diese Weise kann man das Artikulationsproblem von Albertibässen teilweise lösen. Schnabel bemühte sich sehr, diese schön zu spielen und nicht nur mechanisch-gleichmäßig. Den Anfang von Mozarts C-Dur-Sonate KV 545 und den langsamen Satz aus Beethovens »Frühlingssonate« op. 24 sah er als besonders schwierig an. Bei solchen Stellen muß der Interpret achtgeben, daß er genug Aufmerksamkeit auf die dritte Note jeder Vierergruppe richtet, ohne sie aber überzubetonen.

Im $^3/_4$-Takt ist das natürliche Gewicht des zweiten Viertels theoretisch gesehen größer als das des dritten, denn wir hören das zweite Viertel als Teil und Fortsetzung des Schwerpunkts, wie beim Trochäus. Wenn wir daher nur in metrischen Kategorien denken und weder die harmonische noch die melodische Struktur beachten, sind die drei Taktschläge in Wirklichkeit nur zwei: schwer (1 und 2), leicht (3). Wenn im $^3/_4$-Takt die linke Hand nur auf dem zweiten Viertel spielt, nicht auf dem dritten, wie zum Beispiel in beiden Abschnitten von

Schuberts Es-Dur-Impromptu op. 90 Nr. 2, müssen die vom Komponisten auf dem zweiten Taktschlag notierten Akzente als Synkopenakzente gespielt werden. Denn da auf dem dritten Taktschlag keine Note gespielt wird, verliert der zweite seinen Zusammenhang mit dem Schwerpunkt und nimmt die Funktion eines dritten Taktschlags vorweg, nach Art einer Synkope.[1]

Zusammengesetzte Taktarten wie $^5/_4$ und $^7/_4$ werden gewöhnlich als Kombination von 3 + 2 oder 4 + 3 artikuliert. »Der echte $^5/_4$-Takt ist jedoch 2 + 1 + 2.«

2. Metrische Perioden

Viel schwieriger und komplexer als die Artikulation des einzelnen Taktes ist die der metrischen Periode. Schnabel befaßte sich intensiver als die meisten Musiker mit den hier entstehenden Problemen und kam zu einer Anzahl von Schlußfolgerungen für den Interpreten.

Metrische Perioden verhalten sich zu einzelnen Takten etwa wie in der Dichtung Strophen zu Versen: Beide haben eine bestimmte Länge, und beide sind abwechselnd schwer und leicht. Aber damit endet die Ähnlichkeit. Während die Taktvorzeichnung uns über die Zahl der Schläge in jedem Takt und die Position des Schwerpunktes informiert, haben wir keine allgemeinen Hinweise, was die metrische Periode angeht. Als normale Länge einer Periode werden manchmal vier oder acht Takte angenommen. In Wirklichkeit schwankt die Länge von metrischen Perioden beträchtlich, selbst innerhalb eines einzigen Abschnittes einer Komposition. Jede Periode muß durch sorgfältiges Studium der melodischen Phrasen, harmonischen Kadenzen, wiederkehrenden Rhythmen und so weiter einzeln identifiziert werden. Schnabel hielt es für sehr wichtig, die Länge jeder Periode zu bestimmen, und er betrachtete diese Analyse als entscheidend in allen problematischen Fällen, ob-

[1] Siehe auch Seite 161.

wohl er sich über die Unsicherheit der Ergebnisse immer im klaren war. In seinen Ausgaben der Werke von Beethoven und Brahms versah er die ersten und letzten Takte unregelmäßiger Phrasen mit römischen Ziffern. Seine eigenen Noten markierte er in gleicher Weise, und da er seine Fingersätze auswendig lernte und nicht in die Noten schrieb, sind die metrischen Ziffern das einzig Schriftliche in seinen eigenen Noten. »Wenn ich eine neue metrische Periode spiele«, erklärte er, »muß ich im voraus wissen, wie lange ich spielen muß, ob sechs, acht oder zwölf Takte lang.«

Die Länge jeder Periode herauszufinden, ist aber nur eine vorläufige Aufgabe. Danach muß der Interpret jede Periode in das aufteilen, was Schnabel leichte und schwere Takte nannte. Jede Periode verlangt eine neue Entscheidung. Eine »normale« Halbperiode von vier Takten hat vier erste Taktteile oder vier Schwerpunkte, die aber nicht alle gleich schwer sind. Während beim einzelnen Takt der schwerste Taktteil am Anfang steht, kommt er bei einer Periode meistens am Schluß.

Bei jedem Versuch, die richtige Artikulation metrischer Perioden zu bestimmen, ist es unvermeidlich, daß der Begriff der Symmetrie mit all seinen ästhetischen Konsequenzen miteinbezogen wird. Bei sehr einfacher Musik (Kinderreime und dergleichen) entsprechen der dritte und vierte Takt genau dem ersten und zweiten, nach dem Schema leicht-schwer-leicht-schwer. Die Musik der klassischen Epoche zeigt jedoch das Bestreben, sich von dieser Symmetrie wo nur möglich freizumachen. Die zweite Hälfte des Hauptthemas in einer klassischen Sonate weicht in ihrer metrischen Struktur fast immer absichtlich von der ersten Themenhälfte ab. Das thematische Material bei Haydn, Mozart und Beethoven unterscheidet sich oft kaum von dem ihrer Zeitgenossen, aber es nimmt in seiner Entwicklung im Verlauf der Phrase seine eigene Gestalt an.[1] Schnabel pflegte im Scherz zu sagen: »Das Genie eines Komponisten fängt beim fünften Takt an.« Für

---

1 Siehe den Artikel des Autors über J. S. Schroeter, in: »The Musical Quarterly« 1958, S. 359, Beispiel 13.

den Interpreten ist diese Erkenntnis wesentlich, weil er dann der Symmetrie dadurch entgegenwirken kann, daß er die asymmetrischen Aspekte der Phrase betont. Das ist oft nötig, um dem melodischen Reim zwischen den beiden Halbphrasen ein Gegengewicht zu geben. Dadurch werden die linearen Zusammenhänge unterstützt. In solchen Fällen empfahl Schnabel, nach dem Schema S-L-L-S, S-S-L-S oder auch L-S-S-L zu gruppieren.[1] Nachstehend sind einige Beispiele aus Schnabels Unterrichtspraxis angeführt.

Bestimmte Typen von grundlegenden viertaktigen Themen in den Beethoven-Sonaten fordern den Interpreten scheinbar dazu auf, symmetrisch nach S-L-S-L zu artikulieren. Ich weise noch einmal auf die C-Dur-Sonate op. 2 Nr. 3 und das Seitenthema der »Waldstein«-Sonate hin.[2] Melodisch entspricht die zweite Hälfte der ersten; harmonisch betrachtet sind die beiden Hälften nicht symmetrisch. Bei der Besprechung von Beispiel 30 wurde Schnabels Empfehlung S-L-L-S erklärt: Der Schwerpunkt liegt auf der Tonika, da sie sowohl am Anfang die Tonart begründet als auch den Endpunkt der Phrase darstellt. Die Dominante braucht keine Betonung, da sie in zwei aufeinanderfolgenden Takten erscheint. Für den Interpreten bedeutet das, daß er mit einem leichten Akzent anfangen, ein Diminuendo zum zweiten Takt machen und im dritten Takt zunächst noch leise bleiben muß, damit der letzte Schwerpunkt in Takt 4 wie das Ziel klingt, auf das er von Anfang an zugesteuert hat. Dies ist jedoch nicht die einzig mögliche Lösung. Man kann auch den zweiten Takt schwerer als den ersten und den dritten schwerer als den letzten spielen und die Harmoniefolgen in den beiden Phrasenhälften auf diese Weise voneinander isolieren. Diese L-S-S-L-Folge klingt vielleicht gekünstelt, würde aber zumindest der Symmetrie entgegenwirken und somit das verhindern, was der deutsche Musikwissenschaftler August Halm[3] als das »triviale« Element in der thematischen Struktur der Wiener Klassik kritisierte.

1 S = schwer, L = leicht.
2 Siehe Kapitel V, Harmonische Artikulation, Seite 51.
3 Von zwei Kulturen der Musik, München 1920, S. 190.

Die harmonischen Folgen im Beispiel aus der »Waldstein«-Sonate sind komplizierter:

Beispiel 58

Im ersten Takt erscheinen drei verschiedene Harmonien, von denen Schnabel den letzten Akkord (Moll-Parallele) als den wichtigsten ansah. Im zweiten Takt kommen zwei verschiedene Harmonien vor, wobei die erste Baßnote zur zweiten führt. Im Gegensatz dazu wird im vierten Takt die Baßnote h sofort für den ganzen Takt festgelegt. Das Ende von Takt 2 (Subdominante) führt außerdem zu Takt 3 (zweite Umkehrung des Dominantseptakkords). Wie im Beispiel aus Beethovens Sonate op. 2 Nr. 3 lehrte Schnabel auch hier die Folge S-L-L-S, wenn auch aus anderen Gründen: Jegliches Crescendo wird dadurch vermieden, und der melodischen Symmetrie wird ein wirkungsvolles Gegengewicht gegeben.[1]

Die gleiche Folge von S-L-L-S ist in Schuberts Themen fast unausweichlich: Als Beispiel dienen die zweite Episode aus dem Schlußsatz (Rondo) der Sonate in G-Dur op. 78

Beispiel 59

[1] Die Anfangsthemen mancher Beethoven-Symphonien bieten interessanten Stoff zum Analysieren. Die Harmonien der ersten vier Takte der Pastoral-Symphonie bestehen aus T-D-T-D (wobei die letzten drei Noten in beiden Hälften identisch sind). In den ersten Takten der achten Symphonie ist die Reihenfolge T-T-D-D. In beiden Fällen gibt es verschiedene metrische Möglichkeiten.

und das Thema des Menuetts aus derselben Sonate:

Beispiel 60

Aus dem ersten Beispiel ist zu ersehen, wie melodische und metrische Artikulation kombiniert werden können: Schuberts melodische Akzente fallen auf die leichten Takte. Im zweiten Beispiel, in dem Schuberts Akzente der metrischen Reihenfolge entsprechen, darf der Pianist sich nicht von der scheinbaren Verdopplung des Basses in Takt 3 irreführen lassen: Die beiden Noten Fis und fis gehören zu verschiedenen Stimmen! In Schnabels Schallplattenaufnahme des Finales von Schuberts »Forellenquintett« kann man eine ähnliche Artikulation hören. In jeder Phrase des Themas sind die vier Takte auf die gleiche Weise unterteilt.

Beispiel 61

Manchmal kommt es vor, daß die melodische Struktur der ersten Hälfte einer achttaktigen Periode eine S-S-L-S-Artikulation erfordert. In solchen Fällen erscheint die Melodie im ersten Takt in einer ersten Vorwärts-Bewegung und im zweiten Takt in einer zweiten; dann gleitet sie mit dadurch verstärkter Energie über den dritten Takt hinweg direkt zum Schluß der Phrase in Takt 4. Die folgenden vier Beispiele mögen das veranschaulichen: der zweite Satz aus Beethovens E-Dur-Sonate op. 109:

Beispiel 62

das Finale von Mozarts Klavierkonzert in B-Dur KV 456:

Beispiel 63

das Trio aus Schuberts »Moment musical« op. 94 Nr. 6:

Beispiel 64

und das Finale von Mozarts *Rondo alla Turca* aus der Sonate KV 331:

Beispiel 65

An solchen Stellen sagte Schnabel gern: »Nicht im dritten Takt verweilen!« Was das Beethoven-Beispiel betrifft (62), wies er darauf hin, daß fast der ganze Hauptteil aus viertaktigen Phrasen besteht, und zwar mit der Struktur S-S-L-S. Das Überspielen des dritten Taktes bedeutete gewöhnlich, daß un-

erwünschte Akzente selbst in der Oberstimme und der Begleitung (siehe die Mozart-Beispiele) vermieden wurden, und
wenn auch nur die Spur einer Betonung auf dem Schwerpunkt
in Takt 3 blieb, konnte sich der Schüler auf den Ausruf »Kein
Akzent!« gefaßt machen.

Gelegentlich findet man noch andere Kombinationen von
schwer und leicht. Der Anfang des Menuetts von Schuberts
posthumer c-Moll-Sonate könnte nach dem Schema L-S-S-L
verstanden werden:

Beispiel 66

Aber das Thema ist in seiner ganzen Länge metrisch unregel-
mäßig, und Takt 4 könnte auch als der erste Takt der nächsten
Phrase aufgefaßt werden. Schnabel analysierte dieses Thema
gern als aus 3 + 4 + 5 Takten zusammengesetzt. Für die
Überleitung zum Seitenthema in Beethovens D-Dur-Sonate
op. 10 Nr. 3 hörte Schnabel die Artikulation als S-S-L-L:

Beispiel 67

Die symmetrische oder »normale« Artikulation L-S-L-S erscheint dann, wenn keine Gefahr von zuviel Symmetrie besteht, besonders wenn der erste Takt Auftaktcharakter hat,
wie zum Beispiel am Anfang von Beethovens Sonate in
As-Dur op. 110. Das Rondothema aus Mozarts A-Dur-Klavierkonzert KV 488 ist dagegen als L-S-L-L zu artikulieren.

Wenn die Struktur einer viertaktigen Phrase einmal erkannt
ist, ist es gewöhnlich nicht schwer, zwei solche Phrasen zu
einer achttaktigen Phrase zu verbinden. Schenker wies darauf

hin, daß die Melodie meistens am Anfang ansteigt und sich am Ende senkt. Da der Abstieg fast immer zu einer Auflösung in eine der üblichen Kadenzformen führt, muß man in vielen Fällen dem Halbschluß am Ende der ersten Hälfte mehr Gewicht verleihen. Zum Beispiel ist im Rondothema des C-Dur-Klavierkonzerts KV 467 von Mozart ein metrisches *poco crescendo* zwischen den Takten 3 und 4, nicht aber zwischen den Takten 7 und 8 notwendig.

Beispiel 68

Siehe auch das Thema von Brahms' Händel-Variationen op. 24:

Beispiel 69

sowie das Thema aus dem Scherzo des »Erzherzog«-Trios op. 97 von Beethoven und das Scherzo aus Schuberts posthumer B-Dur-Sonate:

Beispiel 70

Dreitaktige Perioden haben, besonders im schnellen Tempo, Ähnlichkeit mit $^3/_4$-Takten.[1] Die ersten beiden Takte bilden zusammen den schweren Teil, der dritte Takt den leichten. Dies gilt für den Schluß des Hauptteils von Schuberts Es-Dur-Impromptu op. 90 Nr. 2 (hier gehen die dreitaktigen Perioden bis ganz zum Ende des Hauptteils; siehe auch Beispiel 149):

Beispiel 71

Fünf- und siebentaktige Perioden sind Kombinationen aus zwei- und dreitaktigen Einheiten und müssen dementsprechend artikuliert werden. Schnabel zufolge ist die zweite Hälfte des Rondothemas aus dem G-Dur-Klavierkonzert von Beethoven (Takt 25 ff.) eine siebentaktige Periode (Takt 30 und 31 im Orchester sind Echos des vierten Taktes). Der Pianist muß daran denken, daß diese vom Orchester gespielten Takte noch zu derselben metrischen Periode gehören. Er soll sich auch dessen bewußt sein, daß jeder Takt aus zwei oder drei verschiedenen Harmonien besteht, wodurch vieles vom natürlichen Gewicht des Schwerpunkts weggenommen wird. Besonders wichtig ist das in Takt 28, wo der Halbschluß erst auf dem zweiten Viertel kommt und der Pianist die Musik für die Echotakte sozusagen an das Orchester abgibt.

---

1 Die Bezeichnung *ritmo di tre battute* im Scherzo der neunten Symphonie von Beethoven bedeutet, daß der Dirigent drei Takte mit insgesamt drei Schlägen dirigieren soll, also so, als formten sie *einen* $^3/_4$-Takt.

VII
Rhythmische Artikulation

Rhythmische Artikulation hat nichts mit Im-Takt-Spielen zu tun. Wie am Anfang des vorigen Kapitels erklärt wurde, ist ihr Ziel, alle rhythmischen Figuren als solche hörbar zu machen und von benachbarten abzugrenzen. In tänzerischen und spielerischen Stücken sind die Rhythmen schärfer voneinander abgesetzt als in lyrischen Melodien, aber das Prinzip der rhythmischen Artikulation bleibt dasselbe.

Nach Schnabel hängt das Gelingen der Artikulation von der Fähigkeit ab, eine Gruppe von Noten schneller oder langsamer klingen zu lassen, ohne das Tempo zu verändern. Nehmen wir beispielsweise an, ein Pianist spiele den Anfang von Beethovens F-Dur-Sonate op. 54 und Schuberts Impromptu in c-Moll op. 90 Nr. 1 in genau dem gleichen Tempo:

Beispiel 72 a

Beispiel 72 b

In diesem Fall wird der punktierte Rhythmus der ersten drei Töne bei Beethoven wahrscheinlich langsamer klingen als bei Schubert, weil das Spiel eher voll und getragen wirkt. Schnabel nannte dieses Phänomen »akustische Illusion« und verwendete es, um die Rhythmen deutlicher zu Gehör zu bringen.[1] Dynamische Nuancen und feinste Schattierungen des Legato, Non-Legato und Staccato, nötigenfalls sogar geringe Abweichungen vom rhythmischen Pulsschlag, das heißt Rubato, dies waren die Mittel, mit denen Schnabel arbeitete. Dies geschah immer so, daß jede Note im angemessenen Augenblick kam, in der richtigen Länge ausgehalten wurde und daß jede Figur ihrem inneren Tempo gemäß abrollte – alles zusammen, ohne daß das Grundtempo verändert wurde. Für den Interpreten ist jedoch das nächstliegende Mittel die freie Anwendung der »Interpunktion« (oder »Verweilen«, wie es seit der Zeit D. G. Türks heißt).[2] Damit sind Atempausen in der Melodie gemeint, die im Notentext durch Pausen, Tenutos, Kommas oder auch gar nicht bezeichnet sind. In Schumanns g-Moll-Sonate op. 22 verlangte Schnabel von seinen Schülern, im langsamen Satz beim Akkord in Takt 29 innezuhalten, zuzuhören und dann weiterzuspielen:

Beispiel 73

Ebenso schlug er vor, im Schlußrondo von Mozarts D-Dur-Klavierkonzert KV 451 beim Seitenthema ein Komma nach dem dritten Achtel in Takt 2 und 3 zu setzen:

1 Komponisten machen manchmal Gebrauch von dieser Illusion, indem sie *istesso tempo* für kontrastierende Abschnitte angeben. Paradebeispiele dafür sind der Schlußsatz aus Beethovens Sonate in f-Moll op. 2 Nr. 1 und der langsame Satz aus Mozarts Klavierkonzert in d-Moll KV 466. Schnabel bestand darauf, daß dieser Effekt nur dann überzeugend wirkt, wenn das Tempo für den Hauptteil und den Mittelteil dieser Sätze haargenau das gleiche ist.

2 D. G. Türk, Klavierschule, 1789, Kapitel 6, Abschnitt 2, Paragraph 17 ff.

Beispiel 74

Solche Interpunktionen sind immer dann erlaubt, wenn keine
Gefahr besteht, daß die Kontinuität einer langen melodischen
Linie willkürlich unterbrochen wird; denn der Zusammenhang der musikalischen Linie bleibt unter allen Umständen
die Hauptsorge für den ausführenden Musiker.

Bei Pausen im Notentext bleibt die Situation die gleiche:
Vielleicht ist Interpunktion auch ohne notierte Pause möglich
– wie bei den eben zitierten Beispielen –, oder es mag trotz
einer Pause im Notentext nicht ratsam sein, eine Interpunktion zu machen. In Beispiel 4, aus Mozarts D-Dur-Sonate
KV 311, erster Satz, schließen die ersten beiden Pausen eine
Phrase ab, die dritte Pause aber nicht.

Was für Pausen gilt, gilt ebenso für Bindebögen. Die Um-
stände entscheiden, ob bei einem Bogen am Phrasenende ein
Komma mitgemeint ist oder nicht. Bei Legatobögen über zwei
Noten (wie in Beispiel 2 und 3) war Schnabel fest davon überzeugt, daß die zweite Note nicht um die Hälfte gekürzt werden
dürfe, es sei denn, daß der Notentext es ausdrücklich vorschreibt[1] (siehe Takt 37 und 38 von Mozarts Sonate in C-Dur
KV 309 im Gegensatz zu Takt 41 und 42). Wenn man einen
Fingersatz wie 3-2, 3-2 verwendet, setzt man ganz von selbst
richtig ab, vorausgesetzt, man bemüht sich nicht, die Noten-
gruppen außerdem künstlich voneinander zu trennen. Schna-
bel fand, daß viele solcher kurzen Haltebögen eigentlich
»Fingersatzbezeichnungen« seien. Es gibt aber bestimmte
Ausnahmen von dieser Regel, wie zum Beispiel das Finale von
Beethovens Fis-Dur-Sonate op. 78 oder das des C-Dur-
Klavierkonzerts op. 15 (siehe Beispiele 98 a und 98 b).

Bei manchen Werken kann man durch rubatohaftes Absetzen zwischen den Bindebögen deutlicher artikulieren. Im folgenden Beispiel aus dem Finale des ersten Klavierkonzerts

1 Vgl. unten Seite 97, Nr. 2.

von Brahms erstrecken sich Bindebögen über acht, vier oder gar nur zwei Noten:

Beispiel 75

Der Charakter dieser Passage wird spielerischer, wenn der Pianist, wie Schnabel es tat, jede Gruppe ein klein wenig zu rasch spielt – allerdings ohne Anfangsakzente – und dann eine »Luftpause« vor der nächsten Gruppe macht. Obwohl Schnabel oft deswegen kritisiert wurde, wandte er diese Methode bei Klavierkonzerten an, wenn dadurch die Struktur verdeutlicht wurde. Indem Schnabel das folgende Beispiel aus dem G-Dur-Klavierkonzert von Beethoven so spielte, war es ihm möglich, die stufenweise Verkürzung zu artikulieren:

Beispiel 76

Die kurzen Akkorde des Orchesters fallen zunächst nur auf den Anfang jedes zweiten Taktes, dann auf jeden Takt und schließlich auf jeden Halbtakt; jedesmal hat Beethoven sie mit einem *forte* bezeichnet. Die Arpeggien des Klaviers sind dem Orchesterrhythmus untergeordnet und füllen die Zeit nach jedem Akkord aus. Eine rhythmische Artikulation von der Art, wie sie oben beschrieben wurde, hängt vom frühen Einsatz der rechten Hand ab, so daß keine Lücke zwischen dem Akkord und dem Anfang der Zwischennoten entsteht. Dem gleichen Prinzip folgte Schnabel an verschiedenen anderen Stellen, wie im Mittelteil des Finales von Schuberts Sonate in a-Moll op. 42 (Takt 18):

Beispiel 77

und im langsamen Satz der »Waldstein«-Sonate op. 53 von Beethoven:

Beispiel 78

Jedesmal beginnt die »Füllmusik« sofort; das gleiche gilt für den Anfang der Coda der zweiten Ballade von Chopin, wo das zweite Sechzehntel so früh wie möglich zu spielen ist.

Wenn der Pianist freie rhythmische Nuancen dieser Art anwendet, kann er sich leicht Manierismen und stereotype Artikulation angewöhnen. Schnabel versuchte immer, dem vorzubeugen, besonders bei gleichmäßigen Sechzehntelpassagen, wie sie in jedem Mozart-Klavierkonzert zu finden sind. Bei diesen Stellen besteht oft die Gefahr, daß man das Tempo gegen Ende jedes Taktes beschleunigt; diese Neigung nannte Schnabel »die magische Anziehungskraft des Taktstriches«. Als Gegenmittel empfahl er, beim Üben die letzten zwei Noten in jedem Takt verhältnismäßig langsam und weniger *legato* als die anderen zu spielen, sogar mit einem geringfügigen Crescendo. Die Tendenz, am Schluß eines Taktes Energie zu verlieren, ist bei den meisten Pianisten so stark, daß sie, wenn sie ein Crescendo beabsichtigen, mit Mühe und Not imstande sind, ein Diminuendo zu vermeiden.

Schnabels Vorstellung von Rubato war, wie alle seine Ideen, höchst originell. Er war einer der wenigen Pädagogen, der tatsächlich Rubato lehrte. Wie Mozart und Chopin verlangte er eine ununterbrochene Linie in der begleitenden Hand.[1] Leon Fleisher besteht in seinem Unterricht darauf, daß in langsamen Sätzen, falls eine neue Baßnote auf den Schwerpunkt eines Taktes fällt, das Rubato meist erst *nach* dieser Note beginnen darf. Die Baßnote selbst muß ganz zur vorgeschriebenen Zeit kommen. Dadurch bringt er Schnabels Theorie einen Schritt weiter. Im Adagio-Teil von Mozarts d-Moll-Fantasie KV 397 (beginnend in Takt 12) muß das e' im Baß am Anfang des zweiten Taktes im Takt gespielt werden; das zweite Achtel darf in diesem Takt dann eine Spur zu spät kommen. Rubato wird erst möglich, wenn der musikalische Kontext eine feste rhythmische Struktur hat. Schnabel verwendete Rubato hauptsächlich, um bei Werken der Klassik sein Ziel »Strenge ohne Starre« zu erreichen. Er sagte einmal, daß der langsame Satz aus dem »Italienischen Konzert« von Bach sich wegen seiner festeren Baßstruktur besser zum Rubatospiel eigne als irgendein Nocturne von Chopin. Die Wahl eines Rubato ist aber nicht von stilistischen Kriterien abhängig, sondern einzig vom Bedürfnis des Interpreten, die melodische Linie klar zu artikulieren, ein Bedürfnis, das von seinem Willen und seiner Verfassung abhängig ist. Schnabel sagte, Rubato sei zwar gestattet, aber nicht befohlen. Er verachtete jene Chopin-Spieler, die es als ihre Pflicht ansahen, das Tempo zu wechseln und Rhythmen zu verzerren unter dem Deckmantel eines angeblich authentischen Chopin-Stils.

1 Dies ist meistens die linke, obwohl manchmal ein Rubato in der linken Hand gespielt wird, während die rechte Hand pausiert (wie im zweiten »Moment musical« von Schubert, Takt 31) oder die Begleitung übernimmt (wie im Seitenthema des Finales der Sonate in d-Moll op. 49 von Weber).

Wenn der Entschluß, ein Rubato zu machen, einmal gefaßt war und die allgemeinen Konturen feststanden, wurden die Feinheiten der Ausführung im letzten Augenblick improvisiert.[1]

Eine Hauptaufgabe der rhythmischen Artikulation ist es, den Eindruck von Bewegung zu erzeugen. Aus diesem Grund ärgerte Schnabel nichts mehr als ein Akzent auf der ersten Note eines schnellen Stückes, besonders wenn es ein Auftakt war, wie beispielsweise am Anfang von Beethovens Sonate in B-Dur op. 22. »Man soll eine Melodiebewegung niemals mit einem Halteeffekt beginnen«, pflegte er zu sagen. In jeder Unterrichtsstunde wurde viel Zeit damit verbracht, den eigentümlichen Charakter eines Stückes in den ersten Takten zu fixieren: damit waren auch die Rhythmen gemeint. Manchmal stellte er sich die Töne einer Phrase in einer anderen Taktart vor, um die von ihm angestrebte Artikulation zu erreichen. Am Anfang der letzten Klaviersonate von Schubert (B-Dur) wollte er jeglichen Schwerpunkt vor dem Anfang des zweiten Taktes vermeiden. Deshalb stellte er sich (und verlangte das gleiche von seinen Schülern) den Anfang im $^3/_2$-Takt geschrieben wie folgt vor:

Beispiel 79

Während der weiteren Entwicklung des Themas machte er jedoch die Auftakte schwerer. Es ist nicht möglich, allgemeine Regeln darüber aufzustellen, ob ein Auftakt schwer oder leicht sein soll. Vorsichtig ausgedrückt könnte man vielleicht sagen, daß Schnabel Auftakte leichter spielte, wenn sie mehrere Noten umfaßten, als wenn sie nur aus einer Note bestanden. Beispiele für das erstere finden sich in einer Gavotte oder im Hauptthema des Rondos von Beethovens Sonate in G-Dur op. 31 Nr. 1:

1 Siehe Seite 23.

Rhythmische Artikulation beeinflußte Schnabel bei der Wahl des Tempos stärker als alle anderen Gesichtspunkte. Er hielt die genaue Fixierung des Tempos nicht für eine Hauptaufgabe des Interpreten. Vielmehr glaubte er, daß von einer Aufführung zur nächsten wenigstens teilweise die Wahl des Tempos durch Flexibilität und Spontaneität mitbeeinflußt werden sollte. Oft machte er sich über die vielen Dirigenten lustig, die über winzige Unterschiede in Metronombezeichnungen streiten konnten. Er berichtete gern von einem der größten Dirigenten seiner Zeit, der während der Konzertpause Schnabel gegenüber kritisch geäußert hatte, er hätte gerade den Anfang von Beethovens »Hammerklavier«-Sonate mit ♩ = 132 anstatt ♩ = 138 gespielt! In langsamen Sätzen versuchte Schnabel so langsam wie möglich zu spielen, ohne die Spannung zwischen aufeinanderfolgenden Noten oder den Zusammenhang der Harmoniefolgen zu verlieren; er erklärte, daß in langsamen Stücken, im Gegensatz zu schnellen, die Schwierigkeit mit nachlassender Geschwindigkeit wachse. Wie oft hat er uns zugerufen: »Lassen Sie sich Zeit!« Seine Einspielung des Larghetto aus dem letzten Mozart-Klavierkonzert, KV 595, zeigt seine Fähigkeit, Phrasen auf diese Art auszudehnen. Umgekehrt war seine Interpretation der Bezeichnung Allegretto meistens rascher als üblich, und zwar deswegen, weil er die rhythmische Artikulation dort als leicht ansah.

Man kann das Kapitel »rhythmische Artikulation« zusammenfassen, indem man feststellt, daß es kein Erfassen der charakteristischen Merkmale eines Stückes ohne Freiheit in der Agogik geben kann, daß aber die melodische Kontinuität in der Musik niemals gestört werden darf.

VIII
Das Lesen des Notentextes

1. Bezeichnungen

1. *Allgemeines.* Die Schwierigkeiten, die sich beim Lesen eines Notentextes ergeben, werden meistens unterschätzt. Die geschriebenen Noten selbst sind lediglich eine Übersetzung des Klanges in sichtbare Symbole. Diese Übertragung ins Visuelle kann nur ein ungefähres Bild bieten, da beim Übersetzen immer etwas verlorengeht. Wenn die sichtbaren Symbole in Klang zurückübersetzt sind, haben sie ihren Zweck erfüllt.

Auch die sogenannte »Augenmusik« ist Musik für das Ohr wie jede andere, obwohl das Auge zusätzlich helfen kann, das Ohr auf die Musik vorzubereiten. Die wahre Bedeutung der Noten wird erst dann offensichtlich, wenn der Interpret den Geist eines Werkes erfaßt hat, denn das Notierte kann nur verstanden werden im Zusammenhang mit dem, was nicht niedergeschrieben werden kann. Der Interpret hat also zwei Aufgaben, die man nicht voneinander trennen kann: Er muß den Notentext, wie er dasteht, in sich aufnehmen, und er muß versuchen, herauszubekommen, was der Komponist im Sinn hatte, als er die Noten aufschrieb.

Grundlegende Voraussetzung für das Lesen eines Notentextes ist, daß man unvoreingenommen an ihn herantritt. Das trifft vor allem für solche Texte zu, die der Interpret schon viele Male gehört oder gespielt hat. Fast immer wird er wichtige Entdeckungen machen, wenn er die Noten wieder »mit frischer Neugier« angeht. Wenn überhaupt möglich, sollte er sich mit dem Urtext befassen. Dieser bietet am ehesten die Gewähr, daß der Künstler zur Wiedergabe stimuliert wird.[1] Wenn das Original nicht verfügbar ist, sollen so viele Ausgaben wie möglich miteinander verglichen werden. Erst dann ist es ratsam, sich mit der traditionellen Interpretation des Wer-

---

1 Siehe Seite 141.

kes vertraut zu machen, sei es durch kritische Ausgaben, sei es mit Hilfe eines Lehrers. In Fällen, wo die traditionelle Interpretation von den Forderungen abweicht, die der Komponist ausdrücklich stellt, muß der Künstler den Mut haben, sich der Tradition zu widersetzen. Öfter als man glauben möchte, waren gerade die persönlichen Freunde und die Schüler des Komponisten die ersten, die seine Absichten verfälschten. Die Musik von Chopin ist ein Beispiel dafür. Hier zeigt sich, wie schwierig es sein kann, die endgültigen Absichten des Komponisten eindeutig festzustellen: Chopins eigene nachträglichen Veränderungen sind oft nicht von denen zu unterscheiden, die von anderen in seinen Werken angebracht wurden, so daß es heute fast unmöglich ist, die Wahrheit herauszufinden.

Im Laufe der Musikgeschichte wurde die Notation im ganzen gesehen immer mehr verfeinert. Komponisten sind häufig bestrebt, sogar die kleinsten Nuancen festzulegen. Wir brauchen beispielsweise nur den Originaltext einer Bach-Fuge, der gelegentlich eine Phrasierung anzeigt, mit dem grotesk überladenen Aussehen eines Notentextes von Reger zu vergleichen. Ohne Zweifel hängt diese Entwicklung damit zusammen, daß im Laufe des 19. Jahrhunderts die Komponisten in immer größerem Maße das Vertrauen in die Interpreten verloren. Nach Schnabels Meinung manifestierte sich Beethovens zunehmende Skepsis seinen Interpreten gegenüber in der ständig wachsenden Zahl von Anweisungen in seinen späteren Werken. (Typisch dafür ist der Anfang des letzten Satzes aus der Sonate in As-Dur op. 110: siehe die Fußnote der Schnabel-Ausgabe.) Viele von Beethovens häufigeren Anmerkungen erscheinen in Form von Warnungen: *allegro ma non troppo, sempre pp* u. a. Schnabel betrachtete die Bezeichnung *con amabilità* am Anfang der Sonate op. 110 als Warnung vor »dickem« Ton und das *semplice* im zweiten Satz der Sonate in c-Moll op. 111 als Vorsichtsmaßnahme gegen übermäßiges Rubato. Der Pianist sollte eine allgemeine Vorstellung davon haben, wieviel in solchen Bezeichnungen mitgemeint ist. In manchen von Mozarts Klaviersonaten sind die dynamischen Bezeichnungen vollständig, während in anderen (zum Beispiel im Finale der Sonate KV 570) lediglich die unerwarteten *piano*- und *forte*-Stellen angegeben sind. Einige weisen überhaupt keine dynamischen Bezeichnungen auf. Schnabel war sich der Aufführungspraxis und ihrer Entwicklung bewußt, vermied es aber, den von der Musikwissenschaft etablierten Regeln auf dem Gebiet der Ornamentik übertriebenen Wert beizumessen.[1]

Es gibt nicht nur eine Vielzahl von Differenzen und Weiterentwicklungen in der Notationstechnik,[2] sondern jeder Komponist benutzt auch noch seine individuellen Bezeichnungen; so hat jeder seine eigenen Gewohnheiten und sozusagen seine eigene Schriftsprache, die man nur erlernen kann, indem man die verschiedenen Werke jedes einzelnen Komponisten studiert. Was Beethoven mit *espressivo* meint, kann man zum Beispiel am besten dadurch feststellen, daß man folgende Stellen miteinander vergleicht: das Finale der »Waldstein«-Sonate, Takt 257; Variation I aus dem dritten Satz der Sonate in E-Dur op. 109; den ersten Satz der Sonate »Les Adieux«, Takt 34 des Allegroteils;[3] das Finale des »Erzherzog«-Trios, Takt 5–6, usw. In diesen und ähnlichen Fällen zeigt sich, daß Beethoven die *espressivo*-Passagen mit mehr Ton gespielt haben wollte als die angrenzenden Passagen. In dieser Beziehung ist *espressivo* das Gegenteil von *dolce*, und mit geringen Ausnahmen vermeidet Beethoven es, diese beiden Begriffe zusammen zu verwenden.

Nicht alle Komponisten zeigen die gleiche Geschicklichkeit beim Niederschreiben ihrer Absichten. Beethoven war vielleicht der größte Meister der Notation.[4] In seinen späteren

---

1 Siehe Seite 122.

2 Kullak war im Jahr 1861 überrascht von Türks Regel von 1789, daß alles, was nicht unter Bindebögen steht, *non legato* zu spielen sei; denn in der Zwischenzeit war von Czerny und anderen die umgekehrte Regel aufgestellt worden: im Zweifel gilt *legato*.

3 Hier empfand Schnabel, daß sich die Bezeichnung *espressivo* nur auf die ersten drei Takte beziehe, das heißt auf die drei Noten des Hauptthemas; siehe Beispiel 34.

4 Nach Schnabels Meinung ziehen die Leute falsche Schlüsse aus seiner unleserlichen Handschrift. In Wirklichkeit war er eher pedantisch, wie seine

Werken beweist er erstaunlichen Einfallsreichtum beim Übertragen äußerst subtiler Ideen in den Notentext. Schnabel veranschaulichte das mit zwei Lieblingsbeispielen: erstens das Finale der »Waldstein«-Sonate, Takt 57. Hier fügt Beethoven der Melodienote g''' ein Trillerzeichen auf dem zweiten Taktteil hinzu, obwohl bereits zwei Takte vorher auf der gleichen Note in einer anderen Stimme ein Triller gesetzt worden ist. Deshalb ist der Triller nun ein Doppeltriller *unisono*, das heißt, für die Dauer dieses Taktteils muß er doppelt so laut gespielt werden. Zweitens Takt 6 des Variationsthemas der Sonate in E-Dur op. 109. Der Doppelschlag ist in komplexer Notation ausgeschrieben, um anzudeuten, wie das Rubato hier gespielt werden soll.

Schnabel beschränkte sein Interesse an Notation nicht auf Beethoven. Während des Unterrichts verwendete er viel Zeit auf den Versuch, Schumanns merkwürdige Schreibgewohnheiten zu erklären; zum Beispiel seine Eigenart, die letzte Note einer Phrase als Vorschlagnote zu schreiben, und zwar dort, wo zur gleichen Zeit eine neue Phrase in einer anderen Stimme anfängt (siehe Beispiel 84). Beispiele von Schumanns Notationsgepflogenheiten werden in einem späteren Abschnitt erläutert werden.

2. Das Lesen von Bezeichnungen im allgemeinen. Schnabel bestand darauf, daß ein Schüler sich zuallererst darüber im klaren sein müsse, welchen Genauigkeitsgrad eine Bezeichnung hat. An sich genau sind Bezeichnungen der Tonhöhe, das heißt welche und wie viele Noten zu spielen sind (ausgenommen bei bestimmten Verzierungen, Tremolos usw.). Im Gegensatz dazu ist die Bezeichnung *cantabile* durchaus dehnbar und wendet sich an die individuelle Phantasie eines jeden Interpreten. Zwischen solchen Extremen finden sich die Bezeichnungen, die verhältnismäßig genau sind, da sie eine ge-

deutschen Übersetzungen zeigen (zum Beispiel *geschliffen* für *legato*). Siehe auch seine zweisprachigen, eher akademischen Tempodefinitionen für *Andante* und *Adagio* in Variation IV der Sonate in E-Dur op. 109.

naue Beziehung zu den übrigen Bezeichnungen derselben Gattung herstellen. Zu dieser Gruppe gehören dynamische Bezeichnungen, Tempoangaben, Staccatopunkte usw. So sind im ersten Satz von Beethovens drittem Klavierkonzert, Takt 3 des Seitenthemas, drei der vier Melodienoten mit *portamento* bezeichnet:

Beispiel 81

Damit wird nicht genau festgelegt, wie lang jede Note zu halten ist, wohl aber, daß sie alle die gleiche Länge haben müssen. (Man ist gern geneigt, das dritte Viertel länger – und auch lauter – zu spielen als die beiden anderen.) Ein Staccato-Achtel muß kürzer sein als ein benachbartes Staccato-Viertel.[1] Ein gutes Beispiel dafür findet man am Anfang der »Waldstein«-Sonate. Beethoven schreibt für die rechte Hand in Takt 3 ein Staccato-Achtel auf dem dritten Taktteil; an der gleichen Stelle in Takt 4 schreibt er ein Staccato-Viertel. Der Grund für diese Differenzierung, die konsequent im ganzen Satz durchgehalten wird, liegt im unterschiedlichen Aufbau der beiden Phrasen. Die Phrase in Takt 3 hat ihren Schwerpunkt am Anfang, die Phrase in Takt 4 am Ende. Aus diesem Grund soll der Anfang von Takt 4 nicht betont werden:[2]

Beispiel 82

Auch dynamische Bezeichnungen sind nur verhältnismäßig genau, das heißt, im Verhältnis zueinander. Ein *piano* kann verschiedene Grade von Lautstärke haben, muß aber auf je-

1 Siehe C. Ph. E. Bach, a. a. O., 3. Hauptstück, Paragraph 17.
2 Ein weiteres Beispiel dafür findet sich im vierten Klavierkonzert von Beethoven im Finale, Takte 475, 477, 479 und 481.

den Fall lauter sein als ein vorhergehendes oder nachfolgendes *pianissimo*. Im Finale von Beethovens Sonate in As-Dur op. 110 muß die Bezeichnung *piano tutte le corde* zwei Takte vor Beginn des ersten Arioso im Vergleich zu den vorhergehenden Takten laut klingen.

Das gleiche gilt für Tempobezeichnungen. Zwar hat der Interpret ein gewisses Maß an Freiheit bei der Wahl des Tempos; er muß aber unbedingt das Verhältnis berücksichtigen, in dem verschiedene Tempi innerhalb eines Stückes oder eines Satzes zueinander stehen. So muß die Einleitung zum dritten Satz von Mendelssohns g-Moll-Klavierkonzert (mit *Presto* bezeichnet) auf jeden Fall merklich schneller gespielt werden als dieser Satz selbst (mit *Molto Allegro e vivace* bezeichnet).

Bezeichnungen sind oft recht unvollständig und verlangen vom Interpreten eine vernünftige Lösung. Im zweiten Satz von Beethovens Sonate in E-Dur op. 109, Takt 33, finden wir die Bezeichnung *a tempo*. Vor dieser Stelle kommt jedoch weder ein Ritardando noch ein *meno presto*. Wir sind also zu der Annahme berechtigt, daß der Bezeichnung *un poco espressivo* vier Takte vorher gleichfalls die Bedeutung *un poco meno presto* zukommt. Das bedeutet jedoch nicht, daß damit ein Ritardando gemeint ist: alle vier Takte müssen im gleichen Tempo gespielt werden. Im ersten Stück seiner »Davidsbündlertänze« gibt Schumann als Tempobezeichnung nur *Lebhaft* an und versieht das ganze Stück mit einer einzigen Metronombezeichnung. Angesichts der Tatsache, daß Schumann sonst immer sehr freigebig mit seinen Bezeichnungen war, kann dies nur bedeuten, daß die ersten vier Takte in genau dem gleichen Tempo zu spielen sind wie die darauffolgenden, also schneller, als man sie normalerweise zu hören bekommt.

Damit der Pianist die Bezeichnungen für Dynamik und Tempo besser verstehen kann, ist es nach Schnabels Meinung von Nutzen, daß er sich fragt, wie er eine bestimmte Stelle spielen würde, wenn sie unbezeichnet wäre. Am Anfang von Beethovens Sonate op. 111 würde man zum Beispiel bestimmt *fortissimo* spielen, wenn Beethoven nicht *forte* vorgeschrieben hätte. Folglich hat *forte* hier auch die Bedeutung von »nicht zu laut«. Wenn Beethoven am Schluß seiner Sonate op. 109 bei der Wiederkehr des Hauptthemas *cantabile* schreibt, meint er wahrscheinlich »nicht *mezza voce*«. Je unerwarteter eine Bezeichnung ist, desto wichtiger ist sie.

Gleichzeitig soll der Künstler jedoch die Bezeichnungen des Komponisten nicht zu frei interpretieren.[1] Die Versuchung, genau das zu tun, ist oft groß. Wenn eine Passage mit *presto* bezeichnet ist, heißt das aber nicht *prestissimo*, und ein *poco ritardando* rechtfertigt kein *molto ritardando*. Eine Fermate bedeutet nicht automatisch ein vollständiges Zum-Stillstand-Kommen. (Schnabel sagte gelegentlich zur Länge einer Fermate, der Schüler solle zuerst »anhalten und zuhören und dann fortfahren«; siehe oben Beispiel 73.) *Fortissimo* muß nicht bombastisch im Ton sein.

Für dynamische Bezeichnungen gibt es oft mehr als nur eine Interpretation. Die wahre Bedeutung einer Bezeichnung kann man nicht durch abstrakte Überlegungen ergründen. Wenn für einen ganzen längeren Abschnitt nur eine einzige dynamische Bezeichnung angegeben ist, kann das einerseits bedeuten, daß ohne dynamische Schattierungen gespielt werden soll; andererseits ist es aber möglich, daß der Komponist es dem Interpreten überlassen wollte, kleine Crescendi und Decrescendi einzubauen. Im Zweifelsfall muß man annehmen, daß »piano« *sempre piano* heißt und »forte« *sempre forte*. Dies gilt besonders für Beethoven, in dessen Spätwerken lange Passagen ohne dynamische Nuancen zu finden sind, so daß sie nur durch Artikulation belebt werden sollen und können.

Schnabel äußerte sich auch zu der Streitfrage, ob Crescendi und Decrescendi in Bachs Werken erlaubt seien, obwohl Bach sie in seinen Klavierwerken nicht vorschreibt. Schnabel hatte erhebliche Bedenken gegen Albert Schweitzers Gegenüberstellung lauter und leiser Abschnitte. Gestützt auf eine Äußerung da Mottas spricht Schweitzer von einer »terrassenförmi-

---

[1] Siehe auch Alfred Brendel, Nachdenken über Musik, München 1977, Seite 28 ff.

gen Anlage der Bachschen Werke«.[1] Gegen dieses Bild wandte sich Schnabel: »Dies Nebeneinander von zwei Flächen, *forte* und *piano*, ist an sich unmusikalisch, da Musik Modulation ist.« »Für Schlußkadenzen mag Schweitzers Rat gelegentlich anwendbar sein.« Die Idee der Terrassendynamik paßt, wenn überhaupt, nur zu einem einzigen Typus von Bachs Werken, und selbst da »sind Ausnahmen durchaus zulässig und sogar erwünscht«.

Bei Mozart ist mitunter ein Crescendo am Platz, um laute und leise Passagen miteinander zu verbinden; das gilt erst recht für Diminuendo. Die Codateile mancher Klavierkonzerte (wie zum Beispiel B-Dur KV 450 oder C-Dur KV 467) sind in den Orchesterstimmen mit *piano* bezeichnet, denen ein *forte* in den letzten Takten folgt. Im Klavierpart sind keine dynamischen Bezeichnungen angegeben. Während die meisten Pianisten hier ein allmähliches Crescendo machen, spielte Schnabel im Gegenteil *diminuendo*, um ein *subito forte* am Schluß zu ermöglichen. Die Bezeichnung *fp* bedeutet bei Mozart einen kleinen Akzent, kann aber zwei verschiedene Bedeutungen haben; entweder: erst laut, dann leise, oder: einige Akkordtöne laut, andere leise. Am Anfang der Durchführung der Sonate in D-Dur KV 311 bezieht sich das *fp* hauptsächlich auf die linke Hand:

Beispiel 83

Obwohl die Bezeichnung *fp* für beide Hände geschrieben ist, heißt das nicht, daß sie in beiden Händen gleich laut gespielt werden soll, und Schnabel war überzeugt, daß die beiden Stimmen in der rechten Hand – die eine gerade beginnend, die andere gerade endend – nicht viel Akzent vertragen können.

1 Albert Schweitzer, J. S. Bach, 3. Auflage, Leipzig 1920, S. 378.

Einer der Gründe ist, daß die erste Note einer Imitation nicht gut *forte* sein kann, wenn die imitierte Stimme selbst im *piano* begann. Schnabels Lösung für diese Stelle kann man bezweifeln, weil sie es unmöglich macht, die dissonierende Note klar zu hören; vergleiche Beispiel 34.

3. Tempobezeichnungen. Auch diese sind oft unvollständig. Das Trio eines Menuetts oder Scherzos hat nur selten eine eigene Bezeichnung, kann aber in langsamerem Tempo als der Hauptteil konzipiert sein. Andererseits kann das Fehlen einer Bezeichnung bedeuten, daß beide Abschnitte im gleichen Tempo zu spielen sind. Der Pianist muß sich in einem solchen Fall auf seinen musikalischen Instinkt verlassen, der zwar keine besonders verläßliche, aber wohl die einzig vorhandene Instanz darstellt. Das gleiche gilt auch für Tempoveränderungen von einer Variation zur nächsten. Diese mögen gerechtfertigt sein, wenn nichts Gegenteiliges angegeben ist. Je kürzer aber das Thema ist – wie beispielsweise das der c-Moll-Variationen von Beethoven –, desto weniger soll das Tempo variiert werden. Man muß während des ganzen Stückes das Gefühl eines Grundtempos beibehalten, besonders dann, wenn der Komponist die Notenwerte von einer Variation zur nächsten vermehrt (Achtel zu Sechzehntel usw.), wie Beethoven es sowohl im zweiten Satz der »Appassionata« op. 57 als auch im zweiten Satz der Sonate in c-Moll op. 111 tut. Außerdem war es für Schnabel sehr wichtig, die Wartezeiten zwischen den einzelnen Variationen im voraus zu planen. Die meisten Notentexte der Klassik überlassen diese Entscheidung dem Interpreten. Schnabel wies darauf hin, daß manche Variationen sich gleich anschließen, manche nach einer kurzen Pause, andere erst nach einer langen Fermate.

Metronombezeichnungen sind nicht so eindeutig, wie man gemeinhin annimmt. Sie können für die ersten Takte des Stückes oder für dessen weiteren Ablauf gemeint sein. Schnabel probierte immer sämtliche Abschnitte eines Notentextes mit der ursprünglichen Metronombezeichnung aus. Eine Metronomangabe kann entweder als Hinweis stehen, wie ausdrücklich im Falle der »Fünf Klavierstücke« op. 23 von Schönberg, oder als Warnung, wie im ersten Satz des Klavierkonzerts von Schumann.[1] Als Schumann die Metronombezeichnung $\downarrow = 84$ setzte, muß er gewußt haben, daß kein Pianist das ausführen würde, und Schnabel deutete dies als Warnung: »Nicht zu langsam!« Beethovens Metronomangabe in der Sonate in B-Dur op. 106, der »Hammerklavier«-Sonate, nahm er jedoch sehr wörtlich, wenn auch nicht Takt für Takt, so doch als allgemeinen Hinweis. Diese Sonate ist nämlich die einzige mit Metronombezeichnungen, die außerdem extremen Charakter haben. Ohne diese Metronomangaben würde niemand ein so rasches Tempo versuchen, wie Beethoven es im ersten und letzten Satz verlangt. Schnabels Antwort auf das übliche Argument (Busonis, Toveys und anderer), daß Beethoven doch taub gewesen sei, als er das Tempo mit dieser Metronombezeichnung setzte, war: »Aber blind war er nicht!«

4. Andere Bezeichnungen. Staccatobezeichnungen können schwer oder leicht sein. Manchmal unterscheiden Komponisten zwischen Strichen (schwer) und Punkten (leicht). Wo eine solche Unterscheidung fehlt, muß sich der Pianist auf Erfahrung, Wissen und Intuition stützen, um herauszufinden, was der Komponist im Sinn hatte.

Die Notation von Vorschlagnoten kann irreführend sein. Wie schon bemerkt, neigte Schumann dazu, die letzten Noten einer Phrase so zu schreiben, als ob sie die nächste Phrase einleiteten, wie zum Beispiel im Finale der Fantasie C-Dur op. 17:

Beispiel 84

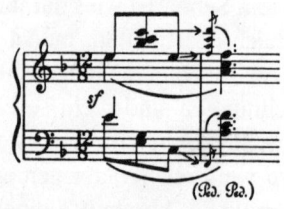

(℘. ℘.)

---

1 Vgl. auch Alan Walker, Schumann, London 1976, S. 48 ff., über Schumanns Metronome.

(Vgl. auch Nr. 4 von Schumanns »Kreisleriana«, Takt 4 der Baßstimme.[1]) In Beispiel 84 gehören die Pseudovorschlagnoten alle zur ersten Phrase. Schumann wählte diese eigenartige Notationsweise, um anzudeuten, daß der Anfang der neuen Phrase aus dem letzten Akkord der vergangenen Phrase herauswächst. Damit dies klar wird, müssen die kleingedruckten Noten viel lauter als der darauffolgende Akkord sein. Auch soll sich der Pianist zwischen den Akkorden Zeit lassen, weil die Baßnote des zweiten Akkords – ein Sextakkord von F-Dur – nun die Note a' und nicht mehr F ist. Aus dem gleichen Grund muß das Pedal unmittelbar nach dem Anschlag des zweiten Akkordes gewechselt werden.

Ein Bogen kann bedeuten, daß die Noten darunter *legato* zu spielen sind, er kann außerdem aber auch die Länge der Phrase angeben.[2] In Mozarts Werken und in frühen Beethoven-Sonaten ist es nicht immer leicht, zwischen Phrasierungsbögen und Legatobögen zu unterscheiden. Wenn der Bogen von der ersten zur letzten Note eines Taktes reicht, schreibt er wahrscheinlich keine Phrasierung vor. Mozart verlängert nur ungern seine Bögen über den Taktstrich hinaus, obwohl natürlich Ausnahmen vorkommen. Das Finale der Sonate in c-Moll KV 457 ist überwiegend in zweitaktigen Phrasen konzipiert; deshalb erstrecken sich die Bögen im Baß oft über zwei Takte:

Beispiel 85 a

1 Siehe auch Beethovens Sonatine in G-Dur op. 49 Nr. 2, erster Satz, Takt 36 und 40.

2 Übrigens ist damit keine Verkürzung der letzten Note bei einem Bogen über mehr als zwei Noten gemeint. Siehe den zweideutigen Brief von Brahms an Joachim (30. Mai 1879): »Nebenbei noch meine ich, daß der Bogen über mehreren Noten keiner derselben etwas an Wert nimmt. Er bedeutet *legato,* und man zieht ihn nach Gruppe, Periode oder Laune. Nur über zwei Noten nimmt er der letzten ... Bei größeren Notengruppen ... wäre das eine Freiheit und Feinheit im Vortrag, die allerdings meistens am Platz ist.« (Zu den letzten beiden Sätzen gibt Brahms einfache Notenbeispiele.)

und

Beispiel 85 b

Akzentzeichen einschließlich Sforzato können sich auf Strukturakzente oder Artikulationsakzente beziehen. Außerdem werden Akzente oft verwendet, um einen besonderen Rhythmus zu unterstreichen; besonders bei Schubert kann man dies finden. Schnabel nannte diese Akzente »Intensitätsakzente« und verglich sie mit einem Nadelstich, der plötzlich – *subito* – ohne Vorbereitung gegeben wird und genauso plötzlich verschwindet. Beispiele sind Schuberts Impromptu in B-Dur op. 142 Nr. 3, Variation II:

Beispiel 86

und das Finale der Sonate in C-Dur KV 330 von Mozart:[1]

Beispiel 87

Hier sollte der erste der beiden Akzente von der linken Hand leicht unterstützt werden. Siehe auch Beethoven, Sonate in A-Dur op. 2 Nr. 2, Finale, Takt 4:

1 Die Bezeichnung *mfp* ist in der ersten, vermutlich von Mozart autorisierten Ausgabe zu finden, jedoch nicht im Manuskript.

Obwohl der Akzent mit *sforzato* bezeichnet und deshalb ziemlich scharf ist, ist er hier lediglich ein Intensitätsakzent. Die meisten Akzente in den Werken der Wiener Klassik entsprechen in ihrer Beschaffenheit einem stärkeren Vibrato bei Streichinstrumenten und sollten keinesfalls hart klingen. Bei jedem Akzent oder Sforzato muß der Musiker sich fragen, ob die Bezeichnung für den ganzen Akkord oder nur für einen Teil desselben gilt. Selbst im letztgenannten Fall bleibt immer ein gewisses Maß von Abhängigkeit der Stimmen untereinander bestehen, wenn auch nur der Klangeinheit wegen. Im Trio des Scherzos von Schuberts posthumer B-Dur-Sonate trägt jede zweite Baßnote ein Sforzato-Zeichen. Schnabel bestand darauf, zur Klärung des synkopierten Charakters der Melodie diejenige Note in der rechten Hand, die jeder Sforzato-Baßnote vorausgeht, ebenfalls zu betonen:

Beispiel 89

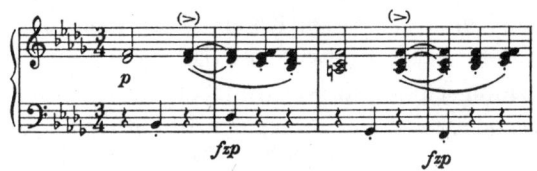

Im Trio des Es-Dur-Impromptus op. 90 Nr. 2 von Schubert empfahl Schnabel seinen Schülern, die häufig auftretenden Akzente auf dem zweiten Viertel in der linken Hand auf die zerlegten Akkorde der rechten Hand mit zu übertragen:

Beispiel 90 a

' wie es dem eigentlichen Klaviersatz entspricht:

Beispiel 90 b

Dadurch wird die »Vibrato«-Eigenschaft des Akzents hervorgehoben.

Der erste Akkord in Schumanns Fantasie op. 17 ist ein Nonakkord, der durch die ersten beiden Noten (Grundton und None) in der linken Hand dem Ohr suggeriert wird. Die None muß sofort gespielt werden, um die Harmonie wie bei einem gebrochenen Akkord klar darzustellen; sie muß auch in dem *sf*, das für den Grundton vorgeschrieben ist, miteingeschlossen werden.

5. *Pedalisierung* durch den Komponisten kann einen zweifachen Sinn haben: Entweder ist das Pedal Bestandteil der Komposition selbst, also, wie Schnabel es formulierte: »musikalisch«, oder es ist eine Anregung zur Färbung bei der Wiedergabe, also »instrumental«. Pedalisierung »gehört also entweder zur Musik oder zum Klavier als solchem«. Die Pedalisierung Schumanns fällt gewöhnlich in die letztere Kategorie. Häufig schreibt er »Pedal« am Anfang eines Werkes und überläßt dem Interpreten dessen Anwendung. Daher ist es wichtig, sich der Passagen besonders bewußt zu sein, bei denen diese Bezeichnung fehlt. Im fünften Stück der »Kreisleriana« gibt Schumann erst im fünften Takt »Pedal« an, womit er außer Zweifel stellt, daß die ersten vier Takte ohne Pedal zu spielen sind. Beethovens Pedalbezeichnungen sind, obwohl spärlich, ohne Ausnahme wesentlich für die musikalische Struktur und lassen dem Interpreten keine Freiheit. In fast all

diesen Passagen wechselt die Harmonie, und das Pedal erzeugt einen für die klassische Musik gänzlich ungewohnten Klangeffekt. Herausgeber und Beethoven-Interpreten haben von jeher diesen Klang als störend empfunden und die Anweisungen des Komponisten ignoriert. Sie nehmen bei jedem Harmoniewechsel neues Pedal mit der Begründung, daß zu Beethovens Zeit das Pedal angeblich einen weniger dauerhaften Effekt gehabt habe. Aber laut Schnabels Zeugnis, das ich auf seinen ausdrücklichen Wunsch hier mitteile, überzeugte ihn ein eigener Versuch auf einem historischen Instrument, daß der Klang verwischt war, genau wie auf einem modernen Konzertflügel. Ein sorgfältiges Studium des Notentextes beweist, daß das Pedal unbedingt so zu nehmen ist, wie es vorgeschrieben ist, und daß es in jedem Fall einen gültigen musikalischen Grund dafür gibt. Dies gilt für die auffallendsten von Beethovens Pedalbezeichnungen, wie in den Rezitativen im ersten Satz der Sonate in d-Moll op. 31 Nr. 2, im zweiten Satz des dritten Klavierkonzerts, im Finale der »Waldstein«-Sonate, im Seitenthema des Finales des vierten Klavierkonzerts und in der Coda der Bagatelle op. 126 Nr. 3. Schnabel sah Beethovens musikalische Absicht bei den meisten dieser Stellen darin, daß »die Baßnote hörbar bleiben muß, bis die nächste Baßnote gespielt wird«.[1] Wenn der Pianist geeignete Klangfarben und Proportionen wählt, gibt es kein klangliches Durcheinander.

Der Fall der oben erwähnten Rezitative aus dem ersten Satz der d-Moll-Sonate op. 31 Nr. 2 ist besonders lehrreich. Das Largo wird von einem Dominantsextakkord eingeleitet. Der gleiche Akkord eröffnet das folgende Allegro. Wenn das Pedal während des ganzen Rezitativs gehalten wird, wie Beethoven es verlangt, bleibt nur eine kurze Pause zwischen dem Akkord des Largos und dem – harmonisch identischen – ersten Akkord des Allegros. Obwohl die Melodie des Rezitativs auf f' endet, wird die Dominantharmonie nicht zur Tonika

---

1 Siehe die Anmerkung im Finale der »Waldstein«-Sonate in Schnabels Ausgabe.

(d-Moll) aufgelöst, sondern verbleibt gleichzeitig daneben. Ein Vergleich dieser Stelle mit dem Anfang des Satzes macht es eindeutig klar, daß Beethoven den Dominantakkord so lange wie möglich klingen lassen wollte. Aus diesem Grund muß das Pedal bis zur letzten Note des Rezitativs gehalten werden. (Schnabel machte außerdem darauf aufmerksam, daß die letzten drei Noten des Rezitativs mit den ersten vier des darauffolgenden Allegros identisch sind.) Das Allegro, das dem zweiten Rezitativ folgt, beginnt mit einer chromatischen Veränderung des darunterliegenden Akkords, während in der Oberstimme as' enharmonisch zu gis' verändert wird.

2. Das Lesen des Notentextes als Hilfsmittel zur Gestaltung

Auge und Ohr arbeiten beim Pianisten so eng zusammen, daß es kaum einen Unterschied macht, ob musikalische Einzelheiten zuerst gesehen oder gehört werden. Entweder macht das Auge die Entdeckung, und das Ohr überprüft sie, oder umgekehrt. Beide Phasen des Arbeitsprozesses sind so untrennbar, daß Schnabel sagen konnte: »Der Musiker sieht mit den Ohren und hört mit den Augen.« Wenn ein Pianist zum Beispiel die ersten beiden Takte der nachgelassenen B-Dur-Sonate von Schubert spielt:

Beispiel 91 a

hört er vielleicht, daß – über einem Orgelpunkt auf B im Baß – die Musik irgendwie von der Dominantnote in den inneren Stimmen zusammengehalten wird. Sein Auge wird ihm dann genau zeigen, wie das zustandekommt: f und f' ergänzen sich

in der rechten und linken Hand zu einer Achtelbewegung.
Nun kann der Pianist diese Bewegung auch mit dem Ohr verfolgen und kann sie dann diskret zu Gehör bringen:

Beispiel 91 b

Beim Lesen des Notentextes in einem intensiven künstlerischen Studium entstehen natürlich Probleme verschiedener
Art. Im folgenden werden einige dieser Probleme untersucht,
und zwar in der gleichen Reihenfolge wie in Kapitel IV–VII.

1. *Das Lesen melodischer Linien.* Der Pianist muß sich davor
hüten, zwei verschiedene Melodien als eine einzige zu lesen;
er darf auch keine Noten in eine Melodie hineinlesen, die
nicht dazugehören. Im dritten Satz von Schumanns Fantasie
op. 17, Takt 17 f.:

Beispiel 92

steht das wiederholte g'' in der rechten Hand für sich allein
und ist nicht Bestandteil der Melodie. Sowohl im ersten Satz
von Mozarts c-Moll-Sonate KV 457, Takt 95 f. (kurz vor der
Reprise), als auch im ersten Teil von Schuberts »Wanderer«-
Fantasie, Takt 20, ist der Schlußakkord nicht Bestandteil der
Melodie und stellt nur ein Echo dar, das eine Pause füllt.

Auch das Gegenteil kann der Fall sein: zwei Stimmen können einander so ergänzen, daß sie eine einzige Melodie bilden.
Bei Bach geschieht dies oft, und Schnabel demonstrierte es
einmal an der »Chromatischen Fuge« BWV 903, Takt 118 f.:

Beispiel 93 a

Diese Phrase muß gespielt werden, als ob Bach geschrieben hätte:

Beispiel 93 b

Gleich im nächsten Takt wird diese Auffassung bestätigt:

Beispiel 93 c

Hier erscheint die gleiche Phrase in nur einer Stimme.[1]

Schwierigkeiten beim Lesen von Melodien entstehen auch durch eine unnötig komplizierte Notation von Rhythmen. Die folgende Stelle aus dem ersten Satz von Schumanns g-Moll-Sonate op. 22, Takt 24 ff., ist viel einfacher, als sie aussieht:

Beispiel 94 a

1 Viele andere Beispiele des gleichen Notationsvorgangs existieren. Ich bin zum Beispiel sicher, daß im ersten Takt der Allemande aus der zweiten »Englischen Suite« von Bach das gis' in der Altstimme in Wirklichkeit Bestandteil der Oberstimme ist. Bei der Umkehrung in Takt 13 gehört es nämlich zur Hauptstimme. Demnach würde die übliche sorgfältig eingehaltene Differenzierung zwischen den Stimmen (siehe Seite 186 f.) hier zu einer falschen Interpretation des Notentextes führen.

Das Lesen dieser Stelle wird dadurch erschwert, daß Schumann die Achtel und Sechzehntel als Synkopen geschrieben hat, während die Sechzehntel eigentlich zerlegte Akkorde sind und als solche nicht (wie Synkopen) den nächsten Schwerpunkt vorwegnehmen. Die folgende Notation, die in keiner Weise die Musik verändert, wäre deshalb viel leichter zu lesen:

Beispiel 94 b

Bei dem vorgeschriebenen sehr schnellen Tempo wird die linke Hand, auch wenn sie vollkommen präzis gespielt wird, ungefähr so klingen:

Beispiel 94 c

Das ist übrigens nicht der einzige Fall, wo Schumann gebrochene Akkorde so schreibt, daß sie wie etwas anderes aussehen. Im zweiten Satz seiner Fantasie op. 17, Takt 22 ff., sehen die Figurationen in der rechten Hand wie ein punktierter Rhythmus aus, sind aber – wie Schnabel nachdrücklich betonte – nicht punktiert gemeint. Die Noten stellen wieder eine besondere Art zerlegter Akkorde dar, in denen die obersten zwei Noten den Bruchteil einer Sekunde eher gespielt werden als die untere Note, die zur Melodie gehört. Deshalb dürfen die obersten Noten nicht wie Auftakte klingen; das heißt, der Daumen muß am leisesten spielen. Der punktierte Rhythmus wächst dann vier Takte später aus dieser Figuration heraus. Siehe auch Beethovens B-Dur-Sonate op. 22, Finale:

Beispiel 95 a

die ungefähr so zu spielen ist:[1]

Beispiel 95 b

In polyphoner Musik muß man jede Stimme klar verfolgen
können, gleichviel, wie sie auf die Hände verteilt ist. Wenn
eine einzige Stimme abwechselnd mit der rechten und der
linken Hand gespielt wird, ist Vorsicht beim Übergang von
einer zur anderen geboten: Die Hand, die übernimmt, muß
sich vor Akzenten auf der ersten Note hüten.[2] Man braucht
kaum zu erwähnen, daß Mehrstimmigkeit nicht nur bei Kanon
und Fuge vorkommt, sondern in jeder Klaviermusik. In den
Klavierwerken Schuberts gibt es Stellen, die wie die Bearbeitungen von Streichquartetten klingen. Um das auf dem Klavier zu verdeutlichen, muß man die Länge aller Töne in jeder
Stimme sowie die Legatoverbindung zwischen zwei aufeinanderfolgenden Tönen aufs sorgfältigste überwachen, da manchmal eine Stimme kurze Töne aufweist und gleichzeitig eine
andere Stimme längere oder verbundene Töne. Siehe die Sonate in G-Dur op. 78, zweiter Satz, Coda, und die Sonate in
H-Dur D. 575, Scherzo, Takt 21–24 (Beispiel 210). Schnabel
hielt es für eine schwierige technische Aufgabe, diese Stellen
perfekt zu spielen.

1 Schnabel ist oft kritisiert worden, daß er solche zerlegten Akkorde technisch schlampig spiele; seine Kritiker haben aber nicht verstanden, daß
dahinter eine musikalische Absicht steckte, und zwar die, die Melodie hervorzuheben und so den mechanischen Klang vollkommen gleichmäßiger
Figurationen zu vermeiden. »Ich höre zu viele Noten«, pflegte er seinen
Schülern besonders bei zerlegten Oktaven zu sagen.

2 So wäre es zum Beispiel unerträglich, wenn im ersten Satz von Schuberts
B-Dur-Sonate D. 960 beim Wechsel der Hände der erste Akkord jeweils
lauter wäre (Takte 179, 187, 198 usw.).

Voraussetzung beim Lesen jeder einzelnen Stimme ist natürlich, daß man weiß, wie viele Stimmen vorhanden sind. Überraschenderweise wird diese Voraussetzung nicht immer erfüllt. Die Zweistimmigkeit zu Beginn des Finales von Schuberts a-Moll-Sonate op. 42 wird durch ein langes g' in Takt 7 unterbrochen. Wenn man diese Note als selbständige Stimme losgelöst vom Rest der Musik spielt, wird der nötige Raum für diese Melodie geschaffen.

2. Das Lesen von Harmonien. Dies wird zum Problem, wenn Harmonien unvollständig oder verdeckt sind, wie etwa bei Tonleiterpassagen. Als Beispiel nehmen wir eine Stelle aus dem Schluß von Beethovens »Waldstein«-Sonate:

Beispiel 96 a

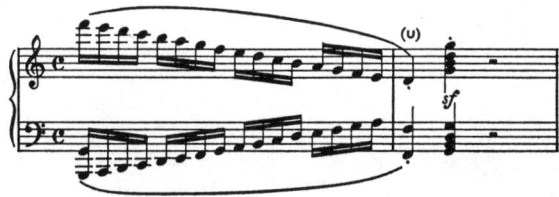

Die harmonische Struktur dieser Takte wird mißverstanden, wenn man sie als eine einzige ausgehaltene Dominante hört. In Wirklichkeit handelt es sich um folgende Harmonien:

Beispiel 96 b

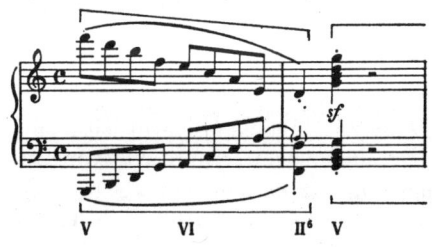

Ungefähr so spielte Schnabel diese Stelle für seine Schüler, um ihnen zu zeigen, was sie hier eigentlich hören und sehen sollten. Ein kleiner Akzent auf A auf dem dritten Viertel macht die harmonische Struktur deutlich; das zweite Viertel im zweiten Takt darf keinesfalls zu früh kommen, denn es soll wie ein vorweggenommener, betonter Auftakt zum nächsten Schwerpunkt klingen.

Der Anfang des Schluß-Stretto im ersten Klavierkonzert von Brahms klingt gewöhnlich verschwommen. Schnabel betonte nicht nur bei jedem Notenpaar die oberen Noten, sondern er setzte auch bei jedem Paar ab, so daß die Stelle

Beispiel 97 a

folgendermaßen klang

Beispiel 97 b

oder gar

Beispiel 97 c

Diese Freiheit beim Umgang mit dem Rhythmus ist auch im Finale von Beethovens erstem Klavierkonzert angebracht. Schnabel spielte die Stelle ganz so, wie Beethoven sie, nach Czernys Bericht, selbst gespielt haben soll:[1]

1 Über den richtigen Vortrag ..., a. a. O., S. 107.

Enharmonische Verwechslungen und enharmonische Nuancen in der Notation tragen oft zum vollen Verständnis einer schwierigen Stelle bei. In der Durchführung des ersten Satzes der »Hammerklavier«-Sonate schreibt Beethoven:

Beispiel 99

Das d'' am Anfang des Beispiels und das d' zwei Takte später dürfen nicht wie Durchgangstöne klingen, sonst hätte Beethoven cisis geschrieben, wie in Takt 5 des Beispiels. Der von Beethoven beabsichtigte Wechsel von h-Moll nach H-Dur tritt deutlicher hervor, wenn man die beiden Akkorde durch ein geringes Verweilen auf dem ersten und einen vorsichtigen Akzent auf dem zweiten voneinander trennt.[1]

3. Das Lesen metrischer Besonderheiten. Lange Zeit hatten die Dramatiker die aristotelischen Einheiten von Ort, Zeit und Handlung zu beachten. In der Musik entsprach dem die Einheit von Tonart, Takt und Motiv, die nicht nur den Komponisten des Barock, sondern auch denen der Klassik als Richtschnur diente. Die Tonart war der Ort, die Taktart die Zeit und das Motiv die Handlung. Dies hatte zur Folge, daß Tonart- und Taktartvorzeichnungen innerhalb eines Stückes fast ausnahmslos unverändert blieben. Nun bedeutet eine Modu-

---

1 Charles Rosen, The Classical Style, New York 1971, S. 413–420, erklärt, wie wichtig dieses Detail für die Struktur ist.

lation keineswegs, daß neue Vorzeichen erforderlich sind. Die Kenntnis der Harmonielehre gibt uns Auskunft über eine neue Tonart. Ein Musiker weiß immer, in welcher Tonart er gerade spielt, gleichviel, was die Tonartbezeichnung ist. Hingegen führt ein Taktartwechsel, der unangekündigt bleibt, gewöhnlich zu Verwirrung. Nur in Ausnahmefällen kann der Leser die neue Taktart ohne weiteres identifizieren. Eine solche Ausnahme findet man in der Coda zum langsamen Satz von Schuberts H-Dur-Sonate D. 575:

Beispiel 100 a

die offensichtlich so gemeint ist:

Beispiel 100 b

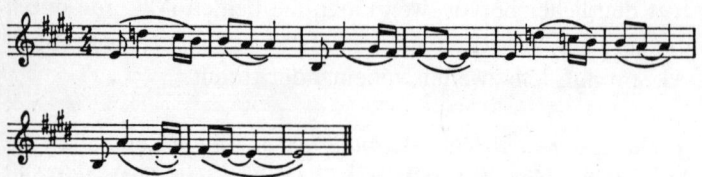

Bei gebrochenen Dreiklängen im $^4/_4$-Takt (oder gebrochenen Vierklängen im $^3/_4$-Takt) ist es für den Pianisten oft nützlich, sich einen Wechsel der Taktart vorzustellen. In diesen Fällen zählte Schnabel automatisch nach Arpeggio-Oktaven, so daß die gleiche Arpeggio-Note in jeder Oktave auf die gleiche Zählzeit fiel; er zählte also nicht entsprechend der Taktvorzeichnung. Bei der Einleitung zum letzten Satz von Beethovens Sonate »Les Adieux« op. 81a zählte er nicht im $^6/_8$-Takt (nur die Hauptnoten sind angegeben):

Beispiel 101 a

sondern wie folgt:

Beispiel 101 b

Das gleiche Prinzip wandte Schnabel in Beethovens Polonaise op. 89 an, wo er im ersten Zwischenspiel die Sechzehntel der natürlichen Akkordfolge entsprechend einteilte:

Beispiel 102 a

Beispiel 102 b

Besonders Brahms neigte dazu, die wirkliche Taktart hinter der vorgeschriebenen zu verbergen. Nicht für alle derartigen Stellen gibt es eine eindeutige Lösung. Einer seiner einfachsten Effekte war die Hemiola der Barockzeit: aus zwei $^3/_4$-Takten wird ein $^3/_2$-Takt. Wo metrische Akzente gefordert sind, sollen sie hier der wirklichen und nicht der vorgeschriebenen Taktart gemäß gespielt werden. Der zweite Satz von Brahms' Cellosonate in e-Moll beginnt auf dem zweiten Viertel eines versteckten $^3/_2$-Taktes; wenn der Interpret dies so versteht, wird er nicht den scheinbaren Schwerpunkt (d' mit Verdopplungen) betonen, sondern bis zum Beginn des zweiten vollen Taktes (a-Moll-Akkord) ohne Akzent spielen. Die meisten Taktartwechsel von Brahms sind jedoch verwickelter. Schnabel war überzeugt, daß Brahms Spaß daran hatte, seine Interpreten absichtlich irrezuführen, indem er nicht die wirkliche Taktart angab. Manche der versteckten Wechsel in der Metrik verlangen gewagte Auslegungen von seiten des Interpreten. Die Es-Dur-Rhapsodie op. 119 Nr. 4, das letzte Klavierstück von Brahms, ist gewiß nicht nur im angegebenen ²/₄-Takt gemeint:

Beispiel 103 a

Schnabel teilte diese Passage folgendermaßen auf: zwei Takte im ²/₄-Takt, dann zwei ³/₄-Takt; zweimalige Wiederholung des gleichen Schemas, gefolgt von alternierenden ³/₂- und ²/₂-Takten. Das ganze Schema wiederholt sich insgesamt noch viermal. Wäre der Anfang nach den echten Taktarten geschrieben, würde er also etwa so aussehen:

Beispiel 103 b

Bestimmte Aspekte der Phrasenstruktur werden auf diese Weise aufgeklärt: Die Takte 1–15 bilden eine dreiteilige, zwölftaktige Phrase, deren letztes Drittel die letzten vier Takte bilden; diese vier Takte sind nicht (wie man denken könnte) der Anfang eines neuen Abschnitts. Der eigentlich neue Teil beginnt erst in Takt 16 des Notentextes, an der Stelle, wo der Pulsschlag ausschließlich auf Halbnoten übergeht. In unserem Beispiel sind sowohl im $^2/_4$-$^3/_4$-Teil als auch im $^3/_2$-$^2/_2$-Teil jeweils fünf Halbnoten enthalten, was der Musik zu metrischer Einheit verhilft und ihr einen besonderen Reiz verleiht.

Manchmal kann der Interpret die Fähigkeit, in einer Taktart zu lesen und in einer anderen zu spielen,[1] zum Zweck besserer Artikulation verwenden. Schnabel machte fast ein Spiel daraus, die geschriebenen Taktarten gegen andere zu vertauschen, besonders an Stellen, wo ein Komponist eine unbegleitete Tonleiter als Hilfsmittel zur Überleitung benutzte. Dies findet sich zum Beispiel in der Coda zum zweiten Satz von Beethovens »Erzherzog«-Trio:

Beispiel 104 a

wo Schnabel eine Hemiola spielte:

Beispiel 104 b

Bei einer ähnlichen Stelle in Webers »Aufforderung zum Tanz«

Beispiel 105 a

1 Siehe Seite 85, Beispiel 79.

spielte er eine komplizierte Gliederung, bestehend aus je einem ³/₄-, ⁴/₄- und ⁵/₄-Takt:

Beispiel 105 b

Hauptaufgabe dieser metrischen Spiele war es, Schwerpunktakzente während solcher exponierten Stellen zu vermeiden. Derartige Akzente würden nämlich eine Unterbrechung verursachen, wie sie bei unauffälligen Überleitungen wie diesen fehl am Platz sind.[1]

Es gibt natürlich auch andersgeartete Beispiele. Bei der Reprise des Rondothemas in Beethovens G-Dur-Sonate op. 31 Nr. 1 verlangte Schnabel gern einen »Walzer-Rhythmus« für die Begleitung in der linken Hand:

Beispiel 106 a, 106 b

Im ersten Trio des es-Moll-Scherzos op. 4 von Brahms

Beispiel 107 a

1 Siehe Seite 149.

schrieb er folgendes in die Ausgabe eines Schülers:

Beispiel 107 b

Nicht bei jeder Melodiefigur, die der vorgeschriebenen Taktart zuwiderläuft, ist jedoch unbedingt eine andere Taktart beabsichtigt: manchmal soll der Widerspruch auch als solcher gehört werden. Das Seitenthema aus dem dritten Satz von Schumanns Klavierkonzert, scheinbar im $^3/_2$-Takt, ist nicht nur im synkopierten $^3/_4$-Takt *notiert*, sondern soll auch so *gehört* werden. Schnabel bat Dirigenten, an dieser Stelle im $^3/_4$-Takt zu schlagen und nicht im $^3/_2$-Takt (besonders dort, wo das Thema vom Orchester gespielt wird). Die *fortissimo*-Akkorde am Anfang der »Appassionata« op. 57 von Beethoven müssen im $^{12}/_8$-Rhythmus gehört werden:

Beispiel 108 a

und nicht

Beispiel 108 b

Am Ende der Einleitung zum zweiten Klavierkonzert von Brahms, Takt 25–28, verband Schnabel einen Taktwechsel von

⁴/₄ zu ²/₂ (mit anderen Worten, zum *alla breve*) mit einer Vergrößerung der Achteltriolen vom vorhergehenden Takt und spielte die Melodie in Vierteltriolen, wie hier skizziert:

Beispiel 109

Einem oszillierenden Orgelpunkt auf F (Halbnotentriolen) stellte er eine polyrhythmische ⁶/₄-Figur in der Melodie gegenüber (Vierteltriolen).[1] Dadurch erreichte er eine allmähliche Steigerung in Klang und Spannung, wobei ihm das auftaktige Phrasieren, wie es in Beispiel 109 bezeichnet ist, besonders am Herzen lag.

Es gibt keine allgemeinen Regeln, die bestimmen, an welchen Stellen der Interpret der Versuchung zu einem versteckten Taktwechsel nachgeben darf und an welchen er ihr widerstehen, also entsprechend der angegebenen Taktart synkopiert spielen muß. Entscheidend ist, wie der Interpret den Charakter der Musik versteht. Das Beispiel aus der »Appassionata« verlangt ein Maximum an rhythmischer Gespanntheit, daher Schnabels Auffassung. Die Coda des langsamen Satzes der Schubert-Sonate soll friedlichen Charakter haben, was nur in dem nahegelegten ²/₄-Takt möglich ist (siehe Beispiel 100).

Schnabel beherrschte die Kunst des polyrhythmischen Spiels vollkommen, ohne sich dabei anstrengen zu müssen. An Stellen wie in Beethovens Polonaise op. 89:

---

1 Diese Passage entspricht Takt 115 ff. im fünften Klavierkonzert von Beethoven. Dort wird ein Tonleitermotiv von Vierteln zu Vierteltriolen beschleunigt.

oder in der Coda seiner Bagatelle op. 119 Nr. 2:

Beispiel 111

die beide spielerisch klingen sollen, war das Zwei-gegen-Drei
so natürlich, als wären zwei Personen am Werk. Gleiches gilt
für die Drei-gegen-vier-Passage im zweiten Satz des fünften
Klavierkonzerts von Beethoven (Takt 48). Einen ähnlichen
Polyrhythmus verlangte er auch in der zweiten Variation der
»Eroica«-Variationen op. 35, Takt 6, und bei der h-Moll-Pas-
sage *(pp)*, Takt 151 ff., kurz vor dem zweiten Thema des fünften Klavierkonzerts.

Wie diese vielen Beispiele zeigen, versuchte Schnabel, den
inneren Rhythmus der Musik zu finden, ohne die Taktarten
und Taktstriche im Notentext zu berücksichtigen. Taktstriche
bezeichnete er als eine »einfache Verkehrsregelung, nicht eine
Landschaft«. Das Motto von Thomas Heinitz hätte ihm bestimmt gefallen: »Taktstriche sind wie kleine Kinder: man soll
sie sehen, aber nicht hören.« Eigentlich wollte Schnabel sie
nicht einmal sehen, und er sagte einmal, er würde alle Musik-
noten für seinen eigenen Gebrauch ohne Taktstriche und
Taktvorzeichnungen drucken lassen, wenn er reich genug
wäre. (Im langsamen Satz von Mendelssohns früher E-Dur-
Sonate kommt ein solcher Fall fehlender Taktstriche tatsächlich vor.)

4. Das Lesen von Rhythmen. Dazu gehört, daß man rhythmische Motive erkennt, die möglicherweise hinter einer Fassade rascher, gleichmäßiger Noten versteckt sind.[1] Schnabel hörte manchmal hinter gleichmäßigen Sechzehntelpassagen die stereotypen drei Auftaktnoten der klassischen Musik. Siehe Mozarts Klavierkonzert in A-Dur KV 488, erster Satz, Takt 86:

Beispiel 112

und Schuberts »Wanderer«-Fantasie, langsamer Satz, Takt 18:

Beispiel 113

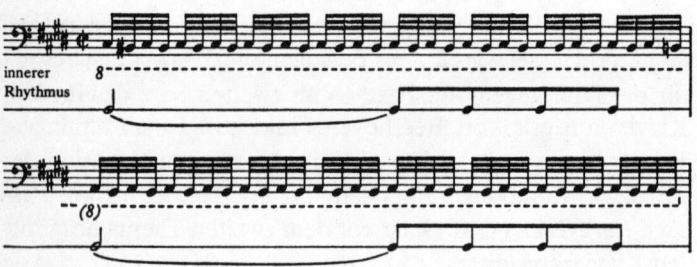

Andere Beispiele dieser Art folgen später.

Wenn man vom Blatt spielt, ist es wichtig, die größeren Umrisse zu erkennen, die sich aus der Wiederholung offensichtlicher kleiner Figuren ergeben. Bach gruppiert gern drei Paare von jeweils zwei Sechzehnteln und einem Achtel zu einer größeren Einheit zusammen, wie zum Beispiel in der Gegenstimme der »Chromatischen Fuge« BWV 903 (Takt 8). Die drei Motive bilden eine rhythmische Figur. Beethovens eigenes Pedalzeichen über den ersten vier Takten der »Ham-

1 Siehe Ralph Kirkpatrick, Vorwort zu den Goldberg-Variationen von Bach, Schirmer-Ausgabe, S. XXIV.

merklavier«-Sonate faßte Schnabel ähnlich auf: Der dritte und der vierte Takt bilden keine Wiederholung der ersten beiden Takte, sondern eine Ergänzung des rhythmischen Motivs.[1]

Wie schon erwähnt (siehe Beispiel 54), muß der Rhythmus unabhängig von der Taktbezeichnung gelesen werden, also unabhängig davon, wie er von Taktstrichen eingerahmt ist. Außerdem müssen rhythmische Motive auch dann wiedererkannt werden, wenn sie in Verkleinerung oder Vergrößerung zitiert sind. Schnabel machte zum Beispiel auf den auftaktigen Baßrhythmus aufmerksam, der die h-Moll-Episode im letzten Satz von Mozarts D-Dur-Sonate KV 311 einleitet (Takt 118):

Beispiel 114 a

und später im doppelten Tempo wiedererscheint (Takt 126):

Beispiel 114 b

5. Das Lesen besonderer Toneffekte. Vor allem im letzten Jahrhundert versuchten Komponisten, gelegentlich unpianistische Toneffekte wie *vibrato, pizzicato* oder *crescendo* auf einer einzelnen ausgehaltenen Note zu schaffen. Dies kommt nicht nur in Bearbeitungen von Orchesterwerken vor, sondern auch in Originalwerken für Klavier, wie beispielsweise in der schwierigen Coda zum zweiten Satz von Schumanns C-Dur-Fantasie. Genau wie am Anfang des Satzes kann man hier eigentlich keinen punktierten Rhythmus in den Notentext hineinlesen, sondern eher eine Reihe von Arpeggios (aus jeweils sechs Noten bestehend), die insgesamt einen Pizzikato-Effekt auslösen. Diesen Effekt erreicht man am besten dadurch, daß

---

1 Mir scheint, daß der Anfang der Es-Dur-Sonate op. 7 auf die gleiche Art zu pedalisieren und zu spielen ist, weil er zum gleichen Typus gehört, wenn auch das Motiv beim ersten Mal *piano* erscheint.

man die inneren Noten lauter als die äußeren, also mit einem Decrescendo von innen nach außen spielt:[1]

Beispiel 115

Arpeggioartige Figurationen am Klavier sind oft als Ersatz für ein Orchestertremolo aufzufassen, wie zum Beispiel am Anfang von Brahms' Cellosonate in F-Dur op. 99.

Ein klassisches Beispiel für eine Vibrato-Imitation auf dem Klavier bietet das Es-Dur-Impromptu op. 90 Nr. 2 von Schubert (siehe Beispiel 90). Der Akzent auf dem zweiten Viertel in der linken Hand ist zweifellos als Vibrato-Akzent beabsichtigt. Durch die gleichzeitig ablaufende Figuration in der rechten Hand wird er ergänzt; dieser Akzent sollte nicht zu laut sein. Ein echtes Vibrato auf dem Klavier ist natürlich ein Ding der Unmöglichkeit.

Ein Crescendo auf einem ausgehaltenen Ton kann vorgetäuscht und teilweise sogar wirklich erreicht werden durch ein geringes Crescendo in einer unteren Stimme, wie zum Beispiel am Anfang von Mozarts B-Dur-Sonate KV 333:

Beispiel 116

Das lange es" in der rechten Hand wird durch ein Crescendo in der linken Hand zum dritten Viertel in Takt 2 hin verstärkt.

---

1 Schnabel gab hier den Rat, beim Anschlagen der inneren Noten Daumen und Zeigefinger beider Hände ringförmig zu halten.

IX

Genauigkeit der Ausführung

Schnabel glaubte, daß Genauigkeit in künstlerischen Dingen eher aus dem Erfassen des Geistigen als aus wissenschaftlicher Forschungstätigkeit entspringt. Er behauptete, daß Pianisten, die mit musikwissenschaftlichem Anspruch Haarspaltereien treiben, indem sie eine Partitur unter die Lupe nehmen, viel eher den Fehler begehen, falsche Noten und Phrasierungen zu spielen als diejenigen, die die bestmöglichen Ausgaben verwenden und sich nach deren sorgfältigem Studium nur auf das konzentrieren, was der Komponist gemeint hat. (Zum Beispiel kann man das *pp* in der rechten Hand in Beispiel 186 leicht übersehen, wenn man die metrische Struktur nicht versteht.) Diese »Philologen«, wie Schnabel abfällig Interpreten bezeichnete, die ganz in den Mini-Problemen des Notenlesens aufgehen, machen Genauigkeit zu einem Fetisch der Interpretation. Das darf auf keinen Fall sein, denn Genauigkeit ist ein negativer Wertbegriff, »wie das Nicht-Stehlen von silbernen Löffeln«.

Wie im letzten Kapitel erwähnt, muß der Interpret zwischen *primären* und *sekundären* Anweisungen im Notentext unterscheiden können.

1. Primäre Anweisungen

1. Dazu gehören die *Noten selbst*, die auch in Fantasien und Kadenzen ohne Veränderungen, Schnitte oder Ergänzungen wiedergegeben werden müssen.[1] Nach A. W. Thayers Beethoven-Biographie[2] erlaubte sich Czerny bei der Aufführung von Beethovens Klavierquintett op. 16 gewisse Änderungen, in-

---

1 Er »füllte« niemals in Mozarts Konzerten Stellen aus, wenn es in der Partitur nicht vorgeschrieben war. Zu dieser umstrittenen Frage vgl. Eva Badura-Skoda, in: Mozart-Jahrbuch 1957, S. 186.
2 Herausgeber Forbes, Princeton 1964, Band II, S. 640.

dem er Oktaven in der rechten Hand verdoppelte und Virtuoso-Passagen hinzufügte. Dies geschah 1816, zwanzig Jahre nach der Komposition des Werks. Beethoven tadelte Czerny so scharf, daß es ihm hinterher leid tat und er ihm einen Entschuldigungsbrief schrieb. In diesem Brief, vom 12. Februar 1816, sagte er jedoch aufs neue: »Allein das müssen Sie einem Autor verzeihen, der sein Werk lieber gehört hätte, wie es geschrieben, so schön Sie auch übrigens spielten.« Bei den Werken Bachs hielt Schnabel Oktavverdoppelungen für unzulässig und überflüssig: Bach schreibt Oktaven vor, wenn er sie wirklich will, wie zum Beispiel in der Coda der fünften Partita in G-Dur BWV 829 und in der Coda der »Chromatischen Fuge« BWV 903.

»Revidierte« und »kritische« Ausgaben machen es gewöhnlich nur noch schwieriger, Genauigkeit zu erreichen. Letzten Endes ist bei Streitfragen allein die eigene Musikalität ausschlaggebend.

2. *Verzierungen.* Außer in den Fällen, wo die genaue Anzahl der Töne nicht festgelegt ist, wie vor allem bei Trillern und echten Tremoli (siehe den Anfang von Webers As-Dur-Sonate), muß der Pianist genauso viele Noten spielen wie geschrieben sind. Das gilt zum Beispiel für den zweiten Satz von Beethovens Klaviertrio in D-Dur op. 70 Nr. 1 (»Geistertrio«), im Mittelteil der *Marcia funebre* seiner Sonate in As-Dur op. 26 und am Anfang von Schuberts Fantasie in C-Dur für Violine und Klavier D. 934.

Schnabel interessierte sich nicht besonders für die genauen Einzelheiten der Verzierungskunst in der Barockmusik. Für ihn war eine Verzierung zum »Schmücken« da, als »angenehmes, unauffälliges Zubehör«. Das verlangt vom Interpreten ein gewisses Maß an Spontaneität. In einer Fußnote zu Takt 32 von Beethovens Sonate in A-Dur op. 2 Nr. 2 bietet Schnabel zwei Möglichkeiten an, den Doppelschlag auszuführen; dann fügt er hinzu: »Was mich betrifft, spiele ich diese Stelle einmal so, einmal anders, je nach Lust und Laune.« Wer sich zu sehr auf die jeweilige Verzierung fixiert, dessen Aufmerksamkeit wird abgezogen von der verzierten Melodielinie selbst; er spielt dann, wie Schnabel es einmal ausdrückte, »ein bißchen Musik zwischen den Trillern«.[1] Schnabel wollte damit aber nicht sagen, daß der Schüler nicht die Autoritäten über die korrekte Ausführung von Verzierungen konsultieren soll. Er empfahl C. Ph. E. Bachs »Versuch über die wahre Art, das Klavier zu spielen« (1753/62), Quantz' »Versuch einer Anweisung, die Flute traversière zu spielen« (1752) und, spätere Musik betreffend, Adolf Beyschlags Buch »Die Ornamentik der Musik« (1908). Schnabel warnte seine Schüler lediglich davor, die Lösungen, die in diesen Büchern angeboten werden, pauschal anzuwenden, da sie nicht selten Kunst in akademische Lehrübung und Musik in Musikwissenschaft verwandeln.[2]

Die Hauptmelodienote muß immer deutlicher zu hören sein als die Verzierungsnote, und Schnabel spielte Verzierungen immer leiser und mehr *leggiero* als die Hauptnoten. So wollte er das Seitenthema aus dem letzten Satz von Beethovens viertem Klavierkonzert folgendermaßen gespielt haben:

Beispiel 117

Aus Rücksicht auf die Harmonie pflegte er in Ausnahmefällen eine Vorschlagnote zu betonen (wie zum Beispiel im Menuett von Schuberts G-Dur-Sonate op. 78):

1 Das gleiche gilt in der Literatur; vgl. Karl Jaspers, Die geistige Situation der Zeit, Berlin 1931, S. 105 (über stil- und sprachbesessene Schriftsteller): »Wenn ich eine Landschaft sehe durch eine Scheibe und diese trübe wird, so sehe ich zwar immer noch, aber gar nicht mehr, wenn ich die Scheibe selbst ins Auge fasse.«

2 Er selbst schlug beispielsweise vor, in Variation XIX von Brahms' Händel-Variationen den Pralltriller *auf* dem Taktteil zu spielen, wenn er in der Mittelstimme vorkommt, aber *vor* dem Taktteil, als Vorschlag, wenn er in der Oberstimme erscheint.

Beispiel 118

Aber auch dann sagte er, ein Vorschlag müsse eine »Verzierung« bleiben und dürfe keine »Verzerrung« werden.

Hinzuzufügen wäre noch, daß Schnabel es vermied, Triller und Doppelschläge, die gleichmäßig gespielt werden sollen, genau im rhythmischen Zusammenhang mit den Figurationen der linken Hand anzuordnen. Um die Verzierung freier und ungeplanter wirken zu lassen, spielte er zum Beispiel beim Thema der Romanze aus Mozarts d-Moll-Konzert KV 466:

Beispiel 119 a

und nicht

Beispiel 119 b

3. *Notenlänge.* Aufführungen von Mozarts Werken leiden besonders unter Ungenauigkeit der Notenlängen. Viele Pianisten neigen dazu, Noten, besonders Baßnoten, zu lange auszuhalten oder Melodienoten zu verkürzen, die das Ende einer Phrase bilden. Die Tradition, Baßnoten insbesondere bei Albertibässen zu verlängern, stammt zum Teil noch aus der Mitte des letzten Jahrhunderts, zum Teil liegt ihre Ursache aber auch in einem Mangel an technischer Kontrolle; der fünfte Finger der linken Hand läßt nämlich nur mit Mühe die Taste los, die er niedergedrückt hält. (Wenn Schnabel das beim Unterricht bemerkte, sagte er: »Fauler Ellbogen!«)

Die gleiche Ungenauigkeit wirkt sich nachteilig bei Aufführungen von Beethovens Werken aus, wo Melodien sich in langsame Figurationen auflösen – wie es bei Variationen oft vorkommt. Siehe Variation II im zweiten Satz der Sonate in f-Moll op. 57 und Schnabels Fußnote[1] dazu sowie Variation V im ersten Satz der Sonate in As-Dur op. 26, einem zarten Stück, das keine langen Noten hat. Hier muß laut Schnabel das vorgeschriebene Legato ohne Pedal und ohne Akzente, besonders in der rechten Hand, ausgeführt werden. Siehe auch Schuberts As-Dur-Impromptu op. 142 Nr. 2:

Beispiel 120 a

wo man nicht so spielen sollte:

Beispiel 120 b

Diese Bemerkung erscheint vielleicht pedantisch, aber es gibt nämlich auch Stellen, wo Schubert eine Melodienote länger ausgehalten haben *will* (wie andere Komponisten vor ihm, Bach eingeschlossen). In solchen Fällen wollte Schubert einen Pedalersatz schaffen, wie in den Takten 26 und 28 des Impromptus in Es-Dur op. 90 Nr. 2, und deshalb hat er diese Noten selbst mit einem Doppelhals versehen.

Ein Aspekt der Genauigkeit bei Melodienoten ist, daß Mißverständnisse darüber vermieden werden, welche Noten nun tatsächlich die Melodie bilden. Den Anfang des A-Dur-Teils von Schumanns »Novelette« op. 21 Nr. 7 muß man deutlich so hören:

1 In seiner Ausgabe der Sonaten wurde Schnabel dadurch zum Neuerer, daß er endlich Bülows altmodische Ideen zurückwies, von denen ihn willkürliche Wechsel der Notenwerte mit am meisten störten.

Beispiel 121 a

und nicht so:

Beispiel 121 b

Der vierte Takt von Schuberts posthumer B-Dur-Sonate sollte *nicht* so klingen (vgl. Beispiel 79):

Beispiel 122

Die Schwerpunktnoten müssen in beiden Beispielen voll ausgehalten werden. Die beste Methode, eine Melodie zu verdeutlichen, von Schnabel seinen Schülern ständig ans Herz gelegt, besteht darin, die Melodie anfangs allein, ohne Begleitung, zu üben, wie ein Sänger oder Geiger das tun würde. Wenn das innere Ohr die Melodie erfaßt hat, unterliegt sie von da an der Kontrolle des Unterbewußtseins, selbst dann, wenn die Aufmerksamkeit des Pianisten sich zeitweilig anderen Dingen zugewendet hat.

Endnoten einer Phrase zu verkürzen ist eine schreckliche Angewohnheit, die schon viele Generationen alt ist und auf die Zeit zurückgeht, als Mozarts Musik noch als bezopft galt und spielerisch verniedlicht wurde. Wiederum ist es seine Musik, die am meisten unter diesen Ungenauigkeiten zu leiden hat. Wie abwechslungsreich Mozarts rhythmische Figuren sind, zeigt sich in der unterschiedlichen Länge von begleitenden Noten, wie am Anfang des C-Dur-Klavierkonzerts KV 467, Takt 86:[1]

Beispiel 123

Etwas später im selben Satz (Takt 110) besteht der g-Moll-Akkord in der linken Hand aus Noten mit verschiedenen Notenwerten, was man deutlich hören muß; das bedeutet auch, daß das Pedal gewechselt werden muß:

Beispiel 124

Schnabel schenkte der linken Hand bei Mozarts Werken, besonders bei Konzerten, viel Aufmerksamkeit. Begleitfiguren dürfen keine Akzente erhalten, und Staccato ist nur da möglich, wo es eindeutig so bezeichnet ist. Staccato in der linken Hand gibt es bei Mozart fast nie. Viertelnoten müssen ausgehalten werden, wenn auch nicht überlang. Schlußnoten dürfen nicht gekürzt werden, als ob sie *staccato* bezeichnet wären. Dies gilt besonders für weibliche Endungen, wie sie zum Beispiel am Schluß der Coda des ersten Satzes der D-Dur-Sonate KV 311 vorkommen:

Beispiel 125

1 Siehe auch die linke Hand in Variation I der Sonate in D-Dur KV 284, Finale.

Besonders der Schlußakkord darf hier auf keinen Fall verkürzt werden.

Wenn, wie in Beispiel 123, auf einen Begleitakkord eine Viertelpause folgt, ist es wichtig, wie Schnabel wiederholt erklärte und demonstrierte, alle drei Noten des Akkordes genau zum selben Zeitpunkt loszulassen, damit die Pause um so eloquenter erscheint. »Eine Pause ist kein Leerraum«, pflegte er zu sagen, und: »Geduld! Körper muß pausieren.« Das trifft auch auf unvollkommene Pausen zu, das heißt solche, die entweder pedalisiert sind oder, in polyphoner Musik, nur eine von mehreren Stimmen betreffen.

4. *Legato- und Staccatobezeichnungen.* Wo möglich, sollte ein vollkommenes Fingerlegato ausgeführt werden, selbst wenn gleichzeitig das Pedal gebraucht wird. Schnabel fand dies beispielsweise beim Anfangsthema von Beethovens Sonate in E-Dur op. 109 unerläßlich, trotz der technischen Schwierigkeit, daß die Spitzennoten h', gis' usw. jedesmal direkt vorher angeschlagen werden.

Schnabel demonstrierte gern – obwohl es ihm selbstverständlich erschien – am Beispiel des Rondothemas der »Waldstein«-Sonate von Beethoven, daß eine Staccato-Note oder ein Staccato-Akkord trotz Pedalgebrauchs auch wirklich *staccato* klingen können, wenn sie so gespielt werden (in diesem Fall die zweite Note der linken Hand in Takt 1). Das gleiche gilt für *portamento*, wie am Anfang des langsamen Satzes von Beethovens fünftem Klavierkonzert. Wenn diese Stelle richtig gespielt wird, ist eine Verwechslung des Portamento mit einem echten Legato trotz des vorgeschriebenen rechten Pedals nicht möglich.

Die brillanten Figurationen in Mozarts Konzerten müssen in der linken wie in der rechten Hand *legato* gespielt werden. Von dieser Regel gibt es praktisch keine Ausnahme, da diese Passagen sich an vokalen Koloraturen und nicht an violinistischer Artikulation orientieren. Das verhindert jedoch nicht ihre volle melodische Artikulation, je nachdem, ob die Melodie steigt oder fällt (wie schon früher erwähnt wurde).

Bei Staccatofolgen wies Schnabel auf die Gefahr hin, Schwerpunktnoten länger oder lauter zu spielen. Danach darf zum Beispiel die dritte Note im Finale von Mozarts C-Dur-Sonate KV 545 nicht verlängert oder metrisch betont werden. Im Finale von Beethovens Es-Dur-Sonate op. 27 Nr. 1, Takt 12 und 13, warnte Schnabel vor einer Unterbrechung des gleichmäßigen Staccatos durch Akzente auf Schwerpunkten (siehe auch Beispiel 81):

Beispiel 126

5. Rhythmische Genauigkeit. Mit wenigen Ausnahmen müßten die Länge der Noten und Pausen, das Metrum usw. eines normal schwierigen klassischen Klavierstücks bei der Aufführung so klar herauskommen, daß ein musikalisch gebildeter Zuhörer sie im wesentlichen nach dem Gehör mitschreiben könnte. Das gilt sogar und besonders für einen deklamatorisch freien Vortrag. Ein punktierter Rhythmus darf nicht wie die letzte Note einer Triole klingen (wie beim Jazz, im Verhältnis 1 : 2) oder wie Doppelpunktierung (wie in mancher Barockmusik, im Verhältnis 1 : 7).[1] Das gilt für Stellen wie Beispiel 72.

Bei rhythmisch komplexen Stellen war Schnabel dafür, im Zweifelsfall eine Lösung anzunehmen, die es ihm ermöglichte, mehr als nur einen Rhythmus aus der Partitur herauszulesen. So bestand er darauf, daß im langsamen Satz von Mozarts Klavierkonzert in C-Dur KV 467, wo vier Sechzehntel in der rechten Hand drei Achteltriolen in der linken Hand gegenüberstehen, der Schüler diese Sechzehntel genauso wie die am Ende des zweiten Taktes spielte; das heißt, er duldete keine vereinfachte Aufteilung, bei der das Sechzehntel nach dem

1 Schnabel kannte die moderne Praxis der Doppelpunktierung nicht; um 1948 nahm er die D-Dur-Fuge aus Band I des »Wohltemperierten Klaviers« auf, ohne den punktierten Rhythmus in einen doppelpunktierten abzuändern.

Punkt als Sechzehntel-Triole gespielt würde. Im Mittelteil des langsamen Satzes von Schuberts posthumer B-Dur-Sonate spielte er, was sehr umstritten ist, die Zweiunddreißigstel später als die letzte Note der Sechzehnteltriolen:[1]

Beispiel 127

Bei Bachs Werken (zum Beispiel in der Courante der ersten Partita in B-Dur) werden die Schlußnoten jeder Triole zwar in den meisten Fällen gleichzeitig mit dem letzten Sechzehntel in der linken Hand gespielt;[2] es gibt jedoch zweifellos auch bei Bach echte polyrhythmische Stellen – wie die Gavotte aus der sechsten Partita in e-Moll –, die Schnabels Standpunkt rechtfertigen. Andererseits wollte er die Holprigkeiten, die aus der Konfrontation zwei-gegen-drei entstehen, eher glätten als unterstreichen. So dachte er dann in Triolen und ließ seine Schüler eins-zwei-und-drei zählen. Zwei Beispiele folgen: Takt 215 aus dem ersten Satz des ersten Klavierkonzerts von Brahms:

---

1 In diesem Zusammenhang möchte ich auch das Schubert-Lied »Die Wasserfluth« erwähnen, das kürzlich viel diskutiert worden ist. Ob Schnabel hier die Sechzehntel nach der letzten Triolennote spielte, weiß ich nicht. Da aber hier die Triolen im Diskant liegen, unterscheidet sich dieses Lied von Beispiel 127:

Beispiel 128

2 Chopin verwendet die gleiche Notationsweise, wie zum Beispiel am Ende seiner Polonaise-Fantaisie op. 61.

Beispiel 129 a

diese Stelle soll man sich so denken:

Beispiel 129 b

und Takt 179 aus dem ersten Satz von Schuberts B-Dur-Sonate D. 960:

Beispiel 130 a

wo man sich folgendes vorstellen soll:

Beispiel 130 b

In diesem Beispiel verlangte Schnabel synkopierte Akzente auf den oberen Noten der linken Hand, die mit »lockerem Daumen« ausgeführt werden sollten. Ein weiterer Aspekt der rhythmischen Genauigkeit wird weiter unten besprochen (Beispiel 133).

6. Genauigkeit der Dynamik.

Wie schon früher dargelegt, läßt sich Lautstärke nicht in absoluten Kategorien messen – so und so viele Dezibel für *forte*, so und so viele für *piano* –, sondern steht im Verhältnis zu der Tonstärke, die der fraglichen Passage vorhergeht, und der ihr nachfolgenden.[1]

Schnabel kritisierte seine Schüler ständig, wenn sie »Zwischendynamik« anwandten. Damit meinte er Nuancen über die hinaus, die der Komponist markiert hatte, wenn sie eine Verzerrung der melodischen Linie oder eine Übertreibung einiger Details auf Kosten anderer verursachten. Insbesondere wandte er sich gegen die Idee, die man in einigen älteren Klavierschulen[2] vertreten findet, daß eine Steigerung in der Tonhöhe immer von einem Crescendo begleitet werden müsse und eine Senkung von einem Decrescendo. Obwohl ein Anstieg der Tonhöhe wichtig ist, wie wir gesehen haben,[3] kann eine Melodie hoffnungslos trivial klingen, wenn eine aufsteigende Linie auch noch durch ein Crescendo unterstrichen wird, obwohl sie schon deutlich hörbar ist. So soll zum Beispiel kein Crescendo zum vierten Takt von Schuberts Impromptu in As-Dur op. 142 Nr. 2 führen:

Beispiel 131

Mangelnde Konsequenz bei der Ausführung von Crescendi und Diminuendi war Schnabel ein Ärgernis. Im Einklang mit seinen Prinzipien der Artikulation erlaubte er im Crescendo kein Nachlassen der Lautstärke, nicht einmal bei Zwei-Noten-

---

1 Brahms wußte sehr wohl, daß *forte* einen Charakter, eine Klangqualität bezeichnet und nicht eine Klangquantität, und nach Diran Alexanians Bericht definierte Brahms sein häufig auftretendes *poco forte* folgendermaßen: »mit dem Charakter von *forte* und dem Klang von *piano*«.

2 Vgl. Adolf Kullak, Ästhetik des Klavierspiels, Berlin 1861, S. 537 ff.; Otto Klauwell, Der Vortrag in der Musik, Berlin 1883; Malvine Brée, The Groundwork of the Leschetizky Method, New York 1905, S. 65.

3 Siehe Seite 43.

Phrasierungen. Daher kam für ihn auch in Takt 24 von Beethovens Sonate in As-Dur op. 110 kein Diminuendo zwischen dem ersten und dem zweiten Viertel in Frage:

Beispiel 132

Bei Agitato-Passagen in schnellem Tempo machte er das Crescendo absichtlich mit Hilfe der Noten, die *zwischen* den Taktschlägen lagen; dadurch machte er diese Stellen außergewöhnlich intensiv und erregend.

7. Genauigkeit des Tempos. Hier beziehe ich mich vor allem auf die Tatsache, daß das einmal gewählte Grundtempo durchgehalten werden muß, besonders in den schnellen Sätzen von Sonaten und Konzerten. Auch brillante Passagen sind davon betroffen. In der Reprise von Beethovens fünftem Klavierkonzert erscheint die *senza-tempo*-Bezeichnung erst in Takt 371. Schnabel bestand darauf, daß bis dahin, von Takt 363 bis 370, die Solopassagen streng im Takt zu spielen sind. Besondere Vorsicht ist am Platze, wenn ein neues Thema oder eine neue rhythmische Bewegung einsetzt: Die lyrischen Seitenthemen im ersten Satz von Mozarts A-Dur-Klavierkonzert KV 488 oder im ersten Satz von Beethovens »Waldstein«-Sonate dürfen nicht merklich langsamer als der Satzanfang genommen werden. Beispiele solcher plötzlichen Veränderung von Notenwerten findet man bei Mozart am Anfang des zweiten Teils des Adagios aus der Es-Dur-Sonate KV 282 und in der Reprise der Sonate in C-Dur KV 545, erster Satz (vgl. auch Bach, vierte Partita in D-Dur, Allemande.)

Manchmal besteht die Gefahr, daß kleinere Notenwerte zu schnell gespielt werden, wenn sie im Zusammenhang mit größeren erscheinen; oder umgekehrt werden lange Noten zu langsam gespielt, wenn sie mit kurzen abwechseln. Ein Beispiel findet man in Webers »Aufforderung zum Tanz«, Vivace-Teil, Takt 9–12:

Beispiel 133

Hier gab Schnabel seinen Schülern den Rat: »Spielen Sie schnelle Viertel und langsame Achtel, wenn Sie im Takt spielen wollen.« Im Trio des »Moment musical« op. 94 Nr. 6 von Schubert verlangte Schnabel ebenfalls langsame Achtel am Schluß des ersten und zweiten Taktes und schnelle Viertel im dritten Takt.

Ritardandi sollten nur dann gemacht werden, wenn sie im Notentext angegeben sind, und vor einer Fermate (wo sie in der Musik der Klassik fast immer stillschweigend vorausgesetzt sind). Die meisten der alten Klavierschulen, die oben erwähnt wurden, schreiben das Gegenteil vor: Ritardandi bei Trugschlüssen, Reprisen usw. Die großen Komponisten wären, wie Schnabel, entsetzt gewesen angesichts solch falscher Dramatik. Die übliche Verlangsamung am Ende von Bachs Werken ist zulässig, sofern sie den Puls der Musik nicht unterbricht, der auch im Ritardando bis zum Schluß durchklingen muß. Kein Ritardando darf eher anfangen, als es im Notentext steht. In Schumanns Klavierkonzert ließ Schnabel seine Schüler im Takt spielen, bis zu der harmonischen Kadenz, wo ein Ritardando vorgeschrieben ist:

Beispiel 134

Am Ende von Kadenzen und *senza-tempo*-Stellen muß der Puls wiederhergestellt werden, um die Kontinuität des Stükkes sozusagen rückwirkend zu bewahren. Die drei leisen Akkorde vor dem Orchestertutti im ersten Satz des fünften Klavierkonzerts von Beethoven gehören in diese Kategorie und müssen deswegen zwar leise, aber doch streng im Takt gespielt werden.[1]

Gleichermaßen muß man sich nach einem Ritardando, einer Fermate und selbst nach einem Rubato wieder streng an das ursprüngliche Grundtempo halten. Diesen Rat gab Schnabel besonders bei Chopin-Mazurken: Er meinte, daß das allgemein übliche Nachlassen im Tempo am Ende der Phrase der Natur dieser Stücke zuwiderlaufe. Auch die letzten eineinhalb Takte des Hauptthemas im ersten Satz (Takt 18 f.) des Schumann-Klavierkonzerts müssen bei aller Leichtigkeit ganz streng im Takt gespielt werden, damit die Phrase ausgeglichen klingt.

8. Genauigkeit der Phrasierung. Primäre Phrasierungszeichen sind solche, die den Charakter eines Motivs, eines Themas oder einer Melodie für den Zuhörer festlegen, wie zum Beispiel der Bogen, der die ersten zwei Noten des Themas in Beethovens Sonate in As-Dur op. 110 verbindet:

Beispiel 135 a   Beispiel 135 b

Wenn dieser Bogen nicht genau beachtet wird, klingt die Melodie, als ob drei Auftaktnoten (as') zum zweiten Takt hinführten (und nicht zwei); das Thema klingt dann nicht »identisch« (Schnabels Ausdruck) mit dem, was Beethoven geschrieben hat. Hat nicht übrigens Brahms dieses Thema in seinem berühmten As-Dur-Walzer zitiert?

1 Siehe auch Takt 372; ebenfalls den zweiten Satz des d-Moll-Klavierkonzerts von Brahms, Takt 44.

Ob Zitat oder nicht, die Phrasierung jedenfalls bleibt die gleiche, und die Bogenmarkierung muß hier ebenfalls befolgt werden.

Im allgemeinen ist eine Phrasierung um so wichtiger, je überraschender sie ist. Das Thema des e-Moll-Intermezzos op. 119 Nr. 2 von Brahms ist zum Beispiel so phrasiert, daß die beiden Sechzehntel durch einen Bogen voneinander getrennt sind:

Beispiel 137

In Variation I der Händel-Variationen op. 24 von Brahms besteht der Auftakt zum zweiten Takt aus zwei Sechzehnteln und nicht aus drei. Die Sechzehntel-Pause in der unteren Stimme der rechten Hand unterstreicht diese Tatsache noch:

Beispiel 138

Hier darf man also das f'' nicht als Auftakt spielen: seine Verbindung zum vorhergehenden d'' muß zu hören sein.

9. Allgemein können bei solchen Wesensfragen nicht alle Aspekte der Genauigkeit gelöst werden. Komponisten sind auch nur Menschen und machen Fehler: Siegfried Ochs zitiert Brahms, wie der Komponist zugibt, er habe in seinem »Deutschen Requiem« eine falsche dynamische Bezeichnung ge-

schrieben.[1] Andere Komponisten verändern Details bei der Reprise, wie Schubert es regelmäßig tut, und man kann nur annehmen, daß der Komponist diese kleinen Unterschiede zwischen den Noten, der Dynamik oder der Phrasierung wirklich beabsichtigt hat. Im *da-capo*-Teil der h-Moll-Rhapsodie op. 79 Nr. 1 verändert Brahms nur den letzten Takt des d-Moll-Abschnitts – mit oder ohne Absicht? Wie dem auch sei, der Pianist muß den Notentext ausführen, wie er dasteht. Genausowenig kann er künstlich Unterschiede machen, wo der Text keine vorschreibt. Schnabel verbot ausdrücklich, in einem Menuett oder in einer Variation beim ersten Mal *forte* und bei der Wiederholung *piano* zu spielen. Ebensowenig darf der Interpret unterschiedliche Details angleichen, die der Komponist absichtlich oder versehentlich in seiner letzten Ausgabe hat stehen lassen (zum Beispiel verändert Schubert in seiner posthumen B-Dur-Sonate aus unerklärlichen Gründen den Baß aus Takt 6 und 7, wenn er bei der Rekapitulation wiedererscheint). Nur wenn er Gleiches gleich und Verschiedenes eben verschieden spielt, erfüllt der Pianist seine Verpflichtung, genau zu spielen. Er mag diese kleinen Unterschiede zwischen Exposition und Rekapitulation unwichtig finden, aber er kann sich nicht erlauben, sie zu ignorieren, um dann vielleicht eines Tages zu entdecken, daß der Komponist einen guten Grund hatte, die Musik in dieser Weise abzuändern. Siehe auch unten nach Beispiel 174.

2. Sekundäre Anweisungen

Zu dieser Gruppe zählen Bezeichnungen, die der Interpret ignorieren darf, wenn er einen plausiblen Grund dafür hat und annehmen darf, daß der Komponist selbst keinen allzu großen Wert darauf gelegt hätte. Nachfolgend ein paar Beispiele aus verschiedenen Kategorien:

[1] Siegfried Ochs, Der Deutsche Gesangsverein, Band III, Berlin 1926, S. 159.

1. Wiederholungszeichen. Viele davon sind unerläßlich. Im allgemeinen gilt: Je kürzer der Abstand zwischen den Wiederholungszeichen ist, desto wichtiger ist die Wiederholung. Ein Beispiel ist das Thema der Variationen über »Unser dummer Pöbel meint« KV 455 von Mozart. Aus dem gleichen Grund spielte Schnabel die kurze Wiederholung des Scherzos in Beethovens »Frühlingssonate« für Violine und Klavier op. 24, und zwar nicht nur beim ersten Mal, sondern auch beim *da capo* nach dem Trio. Bei längeren Abschnitten ist die Wiederholung nur angebracht, wenn sie Ausnahmecharakter hat. Die erste Wiederholung im Eröffnungs- oder Schlußsatz einer klassischen Sonate kann oft ausgelassen werden; wenn in einem solchen Satz aber der zweite Teil Wiederholungszeichen hat und der erste nicht (zum Beispiel Beethovens Sonate in f-Moll op. 57, letzter Satz), ist diese Bezeichnung ungewöhnlich genug, daß der Pianist sich daran halten muß.

2. Fingersätze des Komponisten sind meistens nur unverbindlich gedacht. Schnabel bestand jedoch darauf, daß der Pianist sie zumindest ausprobiere. Manchmal deutet der Komponist damit auf eine bestimmte Phrasierung hin, die sonst leicht übersehen werden könnte; Fingersätze können auch Tempo und Artikulation beeinflussen. Am Ende des zweiten Klavierkonzerts von Brahms sollen die Fingersätze des Komponisten nach Schnabels Meinung den Pianisten daran hindern, immer schneller zu spielen. Beethovens Fingersätze respektierte Schnabel meistens, aber seine Ausgaben (diejenigen der Brahmsschen Violinsonaten eingeschlossen) geben gelegentlich auch andere Fingersätze als die des Komponisten zur Wahl.

3. Die Verteilung der Noten auf die beiden Hände. Genau wie Pedalisierungszeichen können Bezeichnungen für die Verteilung der Hände instrumentale oder musikalische Gründe haben. Wenn sie musikalisch bedingt sind, muß man ihnen folgen; siehe dazu Schnabels Fußnote zum Seitenthema des letzten Satzes von Beethovens Sonate in D-Dur op. 28. Andere Beispiele findet man in Takt 31 der c-Moll-Fantasie BWV 906 von Bach und in Beethovens d-Moll-Sonate op. 31 Nr. 2, erster Satz, Takt 22 ff. Schnabel wandte sich heftig gegen die Praxis von Pianisten der Liszt-Schule, Passagen ständig auf zwei Hände zu verteilen.[1] Ganz im Gegenteil, er spielte manchmal Passagen für zwei Hände in einer Hand, um einheitlicher phrasieren zu können, wie zum Beispiel ganz am Anfang der »Chromatischen Fantasie« von Bach. Dagegen wollte Beethoven durch seine Verteilung der Hände in der Polonaise op. 89 einen rhythmischen Effekt erzielen:

Beispiel 139

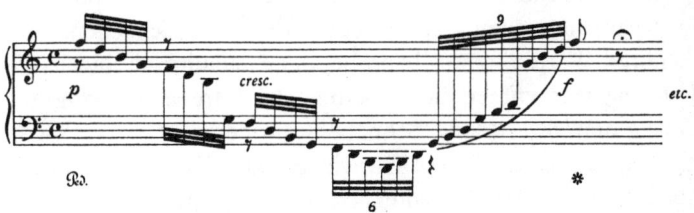

Beethoven macht hier seine Absicht doppelt klar, indem er Pausen für die eine Hand schreibt, während die andere weiterspielt.

Im ersten Satz von Mozarts D-Dur-Klavierkonzert KV 451, Takt 164 und 165, kommt eine Stelle mit Sprüngen vor. Schnabel hielt nichts davon, die Ausführung von solchen riskanten Sprüngen durch Verteilen auf zwei Hände zu erleichtern; das kam für ihn einem »Betrug« gleich. Wenn aber die Händeverteilung nur aus Rücksicht auf die Spielbequemlichkeit erfolgte, hatte er keine Einwände. Dies war besonders der Fall, wenn er glaubte, er könne durch andere Akkordverteilung bessere Klangproportionen erzielen. In Beethovens Sonate in

---

1 Ich kann mich an zwei Stellen erinnern, wo Schnabel die Musik auf zwei Hände verteilte, obwohl der Komponist es nicht vorgeschrieben hatte: beim Triller am Ende der Kadenz im Finale des vierten Klavierkonzerts von Beethoven und bei den Doppeltrillern im ersten Satz des d-Moll-Klavierkonzerts von Brahms. Hier bewirkte Schnabels komplexe Anordnung der Hände, daß die Triller mehr wie Orchestertriller klangen.

c-Moll op. III nahm er das obere es' am Anfang mit der rechten Hand statt mit der linken, der besseren Klangkontrolle wegen. Aus dem gleichen Grund spielte er gelegentlich im ersten Akkord von Schuberts Sonate in G-Dur op. 78 nur die Noten g' und h' mit der rechten Hand und die unteren drei Noten mit der linken. Gleich danach übernahm der rechte Daumen das h' aus der linken Hand.

Niemals machte Schnabel nur der Brillanz wegen aus einer Passage für eine Hand ein Arrangement für zwei Hände, wie zum Beispiel im Es-Dur-Arpeggio Takt 110 des ersten Satzes von Beethovens c-Moll-Konzert. Es mußte ein musikalischer Grund vorhanden sein, bevor die Wünsche des Komponisten übergangen werden konnten, selbst die nebensächlichen.[1] Mit anderen Worten: maßgebend bei der Genauigkeit einer Aufführung war immer die unbedingte Texttreue in bezug auf Klang und Phrasierung. Schnabel war überzeugt, daß sich der Pianist nur unter diesem Gesichtspunkt über die Bedeutung jeder Einzelheit im Notentext entscheiden dürfe. Im Zweifelsfall sei es besser, textgetreu zu spielen und auch nicht das kleinste Detail zu ignorieren.

1 Siehe seine Fußnote zur Oktavenpassage in der Coda des Finales von Beethovens »Waldstein«-Sonate.

X
Interpretation von Charakter und Struktur

Schnabel entwickelte seine Konzentrationsfähigkeit in solchem Maße, daß er nicht nur in der Lage war, das Wesen eines neuen Stückes sofort zu erfassen – oft sogar vom Blatt –, sondern daß er auch neue Aspekte in Stücken entdeckte, die ihm schon vertraut waren. Zu diesem Zweck versuchte er zuerst einmal, Interpretationen, die er im Konzertsaal oder auf Schallplatten gehört hatte, möglichst auszuschalten und zu vergessen. Ebensowenig ließ er sich von Textausgaben, einschließlich seiner eigenen, aus dem Konzept bringen. Für ihn galt nur der Urtext.[1] Mit diesem Notentext sollte sich der Musiker immer wieder beschäftigen; dadurch wurden ihm ständig neue und immer tiefere Einsichten in die Musik ermöglicht. Meines Wissens hörte Schnabel seine eigenen Aufnahmen kaum an; er studierte die Musik jedesmal von neuem und entdeckte dadurch oft Details und Zusammenhänge, die er im Laufe von dreißig und mehr Jahren noch nicht erkannt hatte.

Seine Analyse machte er, wie er sagte, »von innen nach außen«. Konkret war sie insofern, als er jedes Werk so behandelte, als ob es die einzige Komposition auf der Welt wäre.[2] Einmal bestritt ich diese Einstellung und wählte als Beispiel das Seitenthema von Beethovens »Waldstein«-Sonate, um Schnabel zu fragen: »Wie können wir die Originalität der Me-

---

1 Einmal hörte ich, wie er einen Schüler ermahnte, der eine Beethoven-Sonate aus der Schnabel-Ausgabe einstudiert hatte: »Sie sollen zuerst nur mit einer Urtext-Ausgabe arbeiten. Später können Sie Ihre Ergebnisse und Vorschläge zur Interpretation mit denen in meiner Ausgabe vergleichen.« Er machte im Unterricht oft auf Einzelheiten in seiner Ausgabe aufmerksam, mit denen er nicht mehr einverstanden war. Andererseits veränderte er fast nie seine Fingersätze und bestätigte auf Anfragen hin, daß er sie beim Wiedereinstudieren dieser Sonaten immer wieder benutzte.

2 Theodor W. Adorno benutzt den Ausdruck »konkret« in dieser Bedeutung für Eduard Steuermanns Art der Analyse (Diener der Musik, Tübingen 1965, S. 91).

diante in diesem Seitenthema – nämlich E-Dur bei einer C-Dur-Sonate – begreifen, wenn wir nicht aus anderen Sonaten wissen, daß ein Seitenthema in der Dominante erscheinen ›sollte‹?« Seine Antwort war: »Die Wahl von E-Dur als Tonart des Seitenthemas würde uns originell erscheinen, auch wenn wir noch nie einen Sonatensatz gehört hätten, weil die Wahl einer entfernten Tonart an sich originell ist. Selbst wenn das nicht der Fall wäre, würde es für uns keinen Unterschied machen: historische Originalität, das heißt Abweichen von der Tradition, ist Sache des Wissenschaftlers und nicht des Künstlers.«

Im Unterricht besprach Schnabel selten ein Werk oder einen Satz im ganzen, sondern zog es vor, in Abschnitten zu arbeiten. Wie schon in Kapitel I dargelegt wurde, war es ihm nicht sehr wichtig, anhand des Notentextes systematisch zu verfolgen, wie Beethoven seine Motive oder Schönberg seine Tonreihe entwickelt hatte. Was ihn fesselte, war die innere Dramatik der Musik und nicht das Metier des Komponisten, und er sagte, das »Was« sei ihm immer wichtiger als das »Wie«.[1] Wenn natürlich die motivische Entwicklung in Ausnahmefällen den Kern der Musik berührte, machte Schnabel auf diese Stellen aufmerksam. Einmal, als er über das friedlich heitere Ende des vierten Klavierkonzerts von Beethoven sprach, zeigte er den Schülern, wie Beethoven diese Stimmung hauptsächlich durch einen einfachen Melodie- und Harmoniewechsel der ersten zwei Takte des Themas zustandebringt:

Beispiel 140

1 Siehe Konrad Wolff, Artur Schnabel, in: Piano Quarterly, Nr. 84 (1973), S. 40.

T. 6

T. 525

In Beethovens Es-Dur-Klavierkonzert betrachtete Schnabel
den Triller, der zur Reprise des letzten Satzes führt, bereits als
Teil derselben: das heißt, als eine variierte Wiederholung des
Überganges zwischen dem Adagio des zweiten Satzes und
dem Finale. Das B, ursprünglich von den Hörnern gehalten,
erscheint nun als Triller-Vibrato im Klavier, während das leise
Hauptthema dieses Mal vom Orchester gespielt wird. Schnabel betonte ausdrücklich, daß er sein Tempo für die erste
Überleitung der späteren Stelle angepaßt hatte. Eine ähnliche
Struktur entdeckte er in Beethovens Bagatelle in Es-Dur
op. 126 Nr. 3. In diesem Fall ist es noch deutlicher, daß der
Triller im Diskant, der die ausgehaltene Baßnote ersetzt, vor
allem als Registerwechsel gemeint ist. Im Es-Dur-Konzert, wo
dieser Registerwechsel weniger offensichtlich ist, muß der
Triller deshalb in der Oberstimme besonders brillant sein.

Wie gesagt, außer diesen und ähnlichen Stellen ließ Schnabel der Entwicklung von Motiven wenig Bedeutung zukom-
men. In Beethovens Sonate in B-Dur op. 22 schließt die
Durchführung mit einer Sequenz von Modulationen. Für den
Ausführenden ist hier weniger das Motiv von Interesse als
die Modulationen durch viele, zum Teil unerwartete Tonarten,
für die das Motiv nur als Träger dient. Beethoven wendet eine
ähnliche Technik in der kurzen Durchführung seiner Sonate in
As-Dur op. 110 an: Das Anfangsthema erscheint im Crescendo über einem Orgelpunkt C (bei Takt 40). Von dort setzt
es sich in viertaktigen Sequenzen fort (nicht in zweitaktigen!),
die über eine Reihe von Modulationen zur Reprise führen.
Wiederum ist hier nicht das Thema die Hauptsache, sondern
die langgezogene Folge von harmonisch-metrischen Struktu-

ren.[1] Schnabel machte weiterhin darauf aufmerksam, daß der f-Moll-Quartsextakkord am Ende der Crescendophrase direkt zur Tonika in Takt 44 führt, ohne die Dominante als Zwischenstufe zu berühren. Diese Akkordverbindung, die *crescendo-piano* erfolgt, bedeutet hier mehr als das Thema selbst.

Beim ersten Blick auf die letzten acht Takte des Prestissimo von Beethovens E-Dur-Sonate op. 109 könnte man meinen, daß sie lediglich eine Wiederholung der Schlußphrase sind:

Beispiel 141 a

Aber im Baß dieser Passage geschieht etwas Wichtiges (was Schenker in seiner sorgfältigen Analyse[2] merkwürdigerweise nicht erwähnt): Ab Takt 173 erscheinen die ersten sechs Takte des Baßmotivs dieses Satzes als freie Variante in Verkleinerung in der linken Hand:

Beispiel 141 b

Das E in Takt 173 ist also nicht nur der Endton einer Phrase, sondern zugleich der Anfangston der neuen Phrase. Was danach kommt, sollte deutlich in zwei Teile getrennt werden: Drei Takte lang hat die linke Hand, die immer lauter wird, die Führung; Schnabels Meinung nach deutet die rechte Hand zweieinhalb Takte lang den C-Dur-Akkord aus Takt 3 des Satzes an. In Takt 176 übernimmt die rechte Hand die Füh-

1 Ähnliche Beispiele finden sich bei Mozart, zum Beispiel im h-Moll-Adagio KV 540.

2 Neu herausgegeben von Oswald Jonas, Universal Edition Nr. 26303, Wien 1971.

rung; die linke spielt mit den letzten drei Oktaven eine einfache Continuo-Begleitung, ohne das verkleinerte Baßthema beendet zu haben. Das Fis in Takt 176 darf daher nicht zusätzlich betont werden, zumal es durch die Oktavenverdopplung schon verstärkt ist. Nur die beiden letzten Takte sind *forte* zu spielen.

Im Zusammenhang betrachtet zeigt sich, daß die motivische Oberfläche dieser Coda weniger wichtig ist als ihre komplexen Anspielungen und Assoziationen, die durch die Baßlinie angedeutet werden.

In Schumanns g-Moll-Sonate op. 22 findet sich eine ähnliche Situation: Schnabel zufolge hat der erste Melodietakt (Takt 4) eine andere Funktion, als man der dynamischen Bezeichnung nach glauben möchte. Melodisch betrachtet sah er diesen Takt als Auftakt zur langen Note des nächsten Taktes, der dadurch zum schweren Takt wird.

Beispiel 142 a

Damit der auftaktige Charakter klar herauskommt, darf man zwischen dem ersten und dem zweiten Viertel des Taktes nicht absetzen. Gegen Ende der Exposition in Takt 83 ff. erscheint das gleiche Motiv in der Umkehrung, dieses Mal im Baß. Wenn man die gleiche Artikulationsweise gebraucht, wird der Zuhörer dieses Motiv im Unterbewußtsein wiedererkennen:

Beispiel 142 b

An dieser Stelle wird das Motiv jedoch zum Ausgangspunkt für eine vielstimmige kontrapunktisch-harmonische Entwicklung:

Wie Schnabel oft sagte, muß ein Pianist an vieles auf einmal denken und allem, was vorgeht, folgen können. Er muß die Bewegung in der linken Hand aufrechterhalten und eine Unterbrechung, wie zum Beispiel durch einen Akzent auf G in Takt 1 (Beispiel 142 c), vermeiden; die freie Imitation in der linken Hand soll in ihrer Zweistimmigkeit wie ein melodischer Gesang klingen; dabei muß der Pianist aber den rhythmischen Schwung in den Bewegungen der rechten Hand durchhalten.[1]

Ähnliches gilt für Variationswerke: Das unveränderte Thema darf, wenn es zusammen mit der Variante erscheint, nicht zu sehr dominieren. In Takt 38 ff. des Adagio-Teils von Schuberts »Wanderer«-Fantasie warnte Schnabel im Gegensatz zu einigen der älteren Ausgaben davor, das Thema in der linken Hand besonders hervorzuheben. »Jetzt wollen wir die Variation hören«, sagte er und meinte damit die Figurationen in raschen Noten, die von der rechten Hand gespielt werden.

Manchmal zitiert Beethoven ein Motiv mit Absicht undeutlich, wie zum Beispiel kurz vor der Reprise des Scherzos der »Hammerklavier«-Sonate op. 106. Hier bedeuten die Noten

Beispiel 143 a

---

1 Siehe Beispiel 203 für die Artikulation dieser zerlegten Akkorde.

in Wirklichkeit:

Beispiel 143 b

Schnabel verlangte hier zwar kein melodisches, aber wohl ein rhythmisches Zitat:

Beispiel 143 c

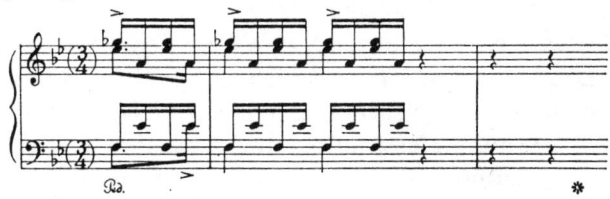

Man vergleiche auch den e-Moll-Abschnitt vor der Reprise des Finales von Beethovens fünftem Klavierkonzert:

Beispiel 144 a

Diese Stelle soll man folgendermaßen spielen:

Beispiel 144 b

Wahrscheinlich gehört auch die Coda des ersten Satzes von Beethovens Cellosonate in D-Dur op. 102 Nr. 2 in diese Kategorie.

Schnabel hielt unverändert an seiner Methode fest, jede Note und jede Phrase der aufeinanderfolgenden Abschnitte als eine neue, besondere Aufgabe für den Interpreten zu betrachten. »Was geschieht hier?« pflegte er sich und seine Schüler zu fragen (ohne eigentlich eine Antwort zu erwarten), wenn er eine neue Seite aufschlug. Seine eigenen Antworten waren, in Anlehnung an die Grundsätze, die in Kapitel I entwickelt wurden, untechnisch und einfach. Sie gingen jedoch immer ins einzelne: »Hier wird eine neue Tonart gesucht.« »Die rhythmische Bewegung verdoppelt sich.« »Jetzt endet die Melodie auf einer kurzen Note.« »Der Tonsatz wird dichter.« Und besonders: »Hier geschieht nichts Neues.« Oder das Gegenteil: »Etwas Neues geschieht hier, nämlich ...« Wo diese Dinge nicht offensichtlich waren, fand er es angebracht, auf sie hinzuweisen. Ein Beispiel ist Takt 78 aus dem Finale des ersten Klavierkonzerts von Brahms: Die Musik fließt trotz des Wechsels von Sechzehntelnoten zu Achteltriolen weiter. Die gegenteilige Situation findet man in Takt 166 des ersten Satzes in diesem Konzert (siehe Beispiel 166).

Mit anderen Worten, Schnabels »was geschieht« bezieht sich auf das, was von jedem musikalischen Laien gehört werden kann. Sein ganzes Leben lang behielt Schnabel, der selbst der Inbegriff des professionellen Musikers war, den lebendigen Kontakt zum Zuhörer und versetzte sich in die Lage des Musikliebhabers, weswegen er sich auch gern als »Amateur« bezeichnete. All dies möchte ich nun etwas näher ausführen.

Schnabel ging immer davon aus, daß der Komponist auch anders hätte schreiben können, es aber vorzog, so zu schreiben, weil innerer Zwang oder reine Freude ihn dazu bewogen. Aus diesem Grund improvisierte Schnabel oft verschiedene melodische oder harmonische Fassungen einer Passage, um die Alternativen zu zeigen, die der Komponist gehabt hätte. Dabei faszinierte ihn das Atypische, wie aus seiner oben erwähnten Vorliebe für metrische Perioden unregelmäßiger Länge zu ersehen ist. Auch liebte er gewagte Dissonanzen, wie am Ende des Mittelteils des langsamen Satzes von Mozarts C-Dur-Sonate KV 330 oder die durch eine Durchgangsnote erzeugte Dissonanz an der entsprechenden Stelle des zweiten Satzes von Beethovens F-Dur-Sonate op. 10 Nr. 2.

Zu Schnabels Zeit bezeichnete die Mehrzahl der Musikliebhaber den Charakter eines Musikstückes als »fröhlich« oder »traurig«, als »lyrisch« oder »dramatisch«. Schnabel hielt wenig von diesen Klassifizierungen und war der Meinung, daß in den meisten Fällen Traurigkeit oder Frohsinn eher dem Seelenzustand des Zuhörers als dem Charakter des Stückes entsprechen.

In seiner Ausgabe der Beethoven-Sonaten weist Schnabel in den Fußnoten und im Kleingedruckten auf spezifische »Affekte« hin (um den historischen Ausdruck zu benutzen), die er aus der Musik heraushörte. Er neigte dazu, Teile von Kompositionen mit Affekten wie den folgenden paarweise zu verbinden: Stolz oder Demut, im Freien oder im Zimmer, Morgen oder Abend, privat oder offiziell, kalt oder heiß, Zurückhaltung oder Unmittelbarkeit, Aufgeregtheit oder Nüchternheit. Da solche Assoziationen größtenteils subjektiv waren, genügen zwei Beispiele zur näheren Erläuterung. Den letzten Satz von Schumanns Fantasie op. 17 faßte er als eine Abwechslung von beschreibender und Ausdrucksmusik auf: Letztere fängt bei Takt 34 an, und danach wechseln sich beide in scharf kontrastierenden Phrasen ab. Das Hauptthema des langsamen Satzes aus Chopins h-Moll-Sonate op. 58 beschwor für ihn die Vorstellung von »Morgen« herauf, wenn es zum erstenmal erklingt, und von »Abend« in der Reprise.

Der Komponist kann den Charakter eines Werkes gleich am Anfang zum Ausdruck bringen oder ihn allmählich entwikkeln, während sich das Stück entfaltet. Schnabel war sehr sensibel, was die Ausdrucksweise betrifft, und er reagierte sehr stark auf übertriebenen oder ungenügenden Ausdruck. Es irritierte ihn zum Beispiel, wenn ein Pianist Überleitungen (wie die Moll-Dominantseptnonakkorde, die bei einigen Schubert-Impromptus zum Hauptteil zurückführen) ausdrucksvoll statt strukturbewußt spielte. Solche Takte, die nur Überleitungsfunktion haben, müssen ohne Akzente, Rubati oder dynamische Übertreibungen gespielt werden.

Im übrigen befaßte sich Schnabels konkrete Analyse hauptsächlich mit: 1. den *inneren Zusammenhängen*, die eine Phrase
oder einen Abschnitt zur Einheit machen; 2. den *inneren*
Gliederungen, die der Komponist durch Phrasierungen und
andere Mittel bewirkt; und 3. den zahllosen *individuellen*
Eigentümlichkeiten eines Werkes, wie Stimmführung bei polyphoner Musik, Form eines Hauptmotivs, besondere Affekte,
wenn sie mit ausschließlich musikalischen Mitteln ausgedrückt
werden, Kontraste und Ähnlichkeiten, und so weiter.

1. Zusammenhänge

Bei unserer Betrachtung der inneren Zusammenhänge müssen wir, wie bei der Artikulation, zwischen melodischen,
harmonischen und metrisch-rhythmischen Elementen unterscheiden.

1. Melodische Verbindungslinien. Die wichtigsten Zusammenhänge sind die melodischer Art. Beim Einstudieren eines Werkes muß der Interpret ihnen nachspüren und sie besonders mit
dem Ohr verfolgen, da sie zur wesentlichen Substanz des Werkes gehören. Schnabel sah melodische Linien als Urlinien an
(ohne dabei, soviel ich weiß, Schenker bewußt zu zitieren).
Aber im Gegensatz zu Schenker war er weniger an den Urlinien der Oberstimmen interessiert als an den manchmal ein-
facheren der Unter- und Mittelstimmen einschließlich des
Ostinato. Die Urlinie der Oberstimme hat im allgemeinen keine
große Bedeutung für die Struktur, da die meisten Melodien
von einer gewissen Flexibilität der Intervalle abhängen, die
gerade durch das Vorhandensein von festen und beständigen
Unterstimmen ermöglicht wird.

Baßlinien nehmen oft die Form eines chromatischen Abstiegs an; der Anfang der »Waldstein«-Sonate bietet ein typi-
sches Beispiel. Die Struktur des Anfangsthemas wird nicht
von den zwei reimenden, viertaktigen Phrasen der streng sym-
metrischen Melodie bestimmt, sondern von der konstant ab-

steigenden Bewegung im Baß, der zuerst alle zwei Takte und dann beschleunigt in jedem Takt in Halbtonschritten von C nach G sinkt.

Beispiel 145

Für den Interpreten liegt der konkrete Wert dieser Baßstruktur in dem Zusammenhang, den sie zwischen dem Ende der ersten Melodiehälfte in Takt 4 und dem Anfang der zweiten Melodiehälfte in Takt 5 herstellt. Es genügt hier, jegliches Diminuendo in der linken Hand zu vermeiden und trotz der Phrasierung in der rechten Hand direkt von Takt 4 zu Takt 5 weiterzuspielen.[1]

Der gleiche Chaconne-Baß – chromatisches Absinken von der Tonika zur Dominante – findet sich häufig bei Chopin und Brahms, so im ersten Satz des e-Moll-Klavierkonzerts und im e-Moll-Walzer von Chopin und am Anfang der f-Moll-Sonate op. 5 von Brahms. Es kommen aber auch andere Melodieformen vor, wie bei der Einleitung des ersten Satzes der letzten Beethoven-Sonate, op. 111, wo die Dominante in Takt 11 durch einen chromatischen Anstieg erreicht wird. In der Coda der »Chromatischen Fantasie« BWV 903 von Bach sind zwischen dem Orgelpunkt auf D im Baß und der Oberstimme absteigende verminderte Septakkorde in allen Mittelstimmen gesetzt; der Gesamtabstand von der höchsten zur tiefsten Note beträgt eine Dezime. Es ist dieser Dezimenabstand, auf den beim Spielen besonders zu achten ist, wenn man einen übertriebenen Gefühlsausdruck der Oberstimme auf Kosten der Struktur vermeiden will. Die Mittelstimmen der Werke Chopins, besonders der Mazurken, sind voll von absinkenden

---

1 Auch im zweiten Satz sind es chromatische Halbtonschritte, die die Struktur des Anfangs bestimmen.

chromatischen Figuren, so zum Beispiel die a-Moll-Mazurka op. 17 Nr. 4 und das e-Moll-Prélude.

Wie überall können falsche Akzente eine chromatische Linie unkenntlich machen. In Schuberts »Wanderer«-Fantasie findet am Ende des ersten Themas eine Auflösung von F (in den Takten 14 bis 16) zu E (in Takt 17) statt. Zu diesem Zweck wird die linke Hand um eine Oktave angehoben. Dies geschieht mit Hilfe einer chromatischen Tonleiter in Takt 15. Zufällig steht ein ganz unwichtiges Fis auf dem Schwerpunkt von Takt 15 ; dieser Ton, ein bloßer Durchgangston, soll ganz ohne Akzent sein, damit ein unbeabsichtigter Harmoniewechsel vermieden wird. Der Pianist braucht »wiederum das Gefühl für Raum, in dem eine Bewegung wächst«:

Beispiel 146

Im langsamen Satz von Mozarts Klavierkonzert in A-Dur KV 488, Takt 20, beginnt der chromatische Abstieg der Melodie schon auf fis'' und nicht erst auf eis'':

Beispiel 147

Noch wichtiger als Schenkers Urlinientheorie ist für das Spielen von melodischen Linien Diran Alexanians Entdeckung der versteckten Polyphonie in einer Einzelstimme. (In seiner Ausgabe von Bachs Cellosuiten hat Alexanian diese Theorie ausgearbeitet.) Solche versteckten Polyphonien kommen auch in Mozarts Werken vor, wie zum Beispiel im dritten Satz des C-Dur-Klavierkonzerts KV 467, Takt 278 ff.:

Beispiel 148 a

Jede der drei Stimmen hat ihre eigene melodische Bewegung. Wichtig ist aber, daß diese Bewegung nicht in allen Stimmen gleichzeitig vor sich geht. In den ersten beiden Takten sinkt die Oberstimme von f" zu e" und in den beiden folgenden Takten die Mittelstimme von c" zu h':

Beispiel 148 b

Schnabel gab zu, daß es schwierig sei, dies deutlich hörbar und doch natürlich zu spielen.

In Baßlinien, wo die Noten weit auseinanderliegen, müssen die Töne, die auf schwache Taktteile fallen, betont werden, damit die Linie klar hervortritt. Man vergleiche Brahms' Sonate in f-Moll op. 5, erster Satz, Durchführung, Takt 4 ff. des Des-Dur-Teils:

Beispiel 149 a

Hier steigt der Baß in dreitaktigen Phrasen von Des zu F. Jeder Schritt muß dabei für das Ohr deutlich wahrnehmbar sein. Das Es am Anfang der zweiten Phrase ist zum Beispiel weniger wichtig als das entsprechende Des in Takt 1 des Beispiels, da es lediglich die Wiederholung einer bereits in Takt 3 gespielten Note ist:

Beispiel 149 b

Bei all solchen Passagen kann man die für die Struktur wichtigen Baßnoten kräftig anschlagen, ohne daß dadurch die Melodielinie gestört wird. Das menschliche Gehirn verfügt nämlich

über die erstaunliche Fähigkeit, einen energisch angeschlagenen Ton bis zum Erklingen eines ähnlichen Tones zu spei-
chern, und zwar unabhängig davon, wie viele und welche
anderen Noten dazwischen liegen.

Bei Stellen, wo Baß und Diskant zusammen die chromatische oder diatonische Melodielinie bestimmen, pflegte Schnabel aufeinanderfolgende Noten in den äußersten Registern
absichtlich zu konfrontieren, um die Verbindung hörbar zu
machen. Ein gutes Beispiel hierfür findet man in der Kadenz
zum ersten Satz von Mozarts A-Dur-Klavierkonzert KV 488,
Takt 15–19:

Beispiel 150

Schnabel betonte an dieser Stelle die Spitzentöne der rechten
Hand, um sie wie Auftakte zu den Baßnoten der linken Hand
erscheinen zu lassen. Dabei war es von Nutzen, daß er die
Arpeggios in der rechten Hand recht streng im Takt spielte.
Entsprechende Grundsätze gelten auch für Orgelpunkte im
weitesten Sinn. Der Definition nach, die Schnabel für dieses
Buch gab, ist Orgelpunkt »ein ruhender harmonischer Pol, ob
unten, in der Mitte oder oben«. Er fügte hinzu, daß ein »echter Orgelpunkt« nur da besteht, wo »um ihn harmonisch mehr
geschieht als Wechsel von Tonika und Dominante, die den
Orgelpunktton sowieso schon enthalten«. Nicht jeder Orgelpunkt ist gleich hörbar – man denke nur an das H in der Coda
der h-Moll-Rhapsodie op. 79 Nr. 1 von Brahms.[1] Der Pianist
muß hier die Note so hervorheben, daß ihre verbindende
Funktion in diesem abschließenden Teil klar zutage tritt. Bei
wiederholt gespielten Baßtönen in einem höheren Register,

1 Siehe Seite 42.

wie zum Beispiel im letzten Satz des B-Dur-Klavierkonzerts KV 595 von Mozart, ist es noch wichtiger, diese Töne deutlich herauszustellen. Das Beispiel stammt aus Takt 65 ff.:

Beispiel 151

Die Akzente auf jedem der vier B's müssen unabhängig voneinander und gleichmäßig gesetzt werden. Im vierten Takt dieses Beispiels muß man das B in der linken Hand viel lauter anschlagen als das C'. Der Ostinato-Baß ist das verbindende »Gewebe«, ohne das die Gestalt der Phrase verlorengehen würde.

Dieses Ostinato kann auch von einer Stimme zur anderen überwechseln, wie es in der letzten Variation der E-Dur-Sonate op. 109 geschieht. Die Note H (hier Dominante) dauert die ganze Variation hindurch an. Zuerst erscheint sie in wiederholten Noten, dann in ausgeschriebenen Trillern; wenn es schließlich zu schnellen Trillern kommt, oszillieren diese zwischen den äußersten Registern des Klaviers.

Die gleichen Regeln gelten für Ostinatomotive in der Oberstimme. In den Takten 22 bis 25 des langsamen Satzes von Schuberts »Wanderer«-Fantasie endet jede Phrase am Schluß des jeweiligen Taktes mit Dominante und Dominantakkord:

Beispiel 152

Schnabel ließ seine Schüler die letzten vier Sechzehntel jeder Gruppe in beiden Händen mit einem regelrechten Sforzato spielen, um die Erregung und Spannung dieser wiederholten

Noten und Akkorde voll herauszubringen. In seiner a-Moll-Sonate op. 42 gebraucht Schubert eine ähnliche Kompositionstechnik für die ersten 25 Takte: Die melodische Schlußnote E soll bei jeder Wiederholung durch Phrasierung und nicht durch Akzente hervorgehoben werden, um den einleitenden Charakter dieser Passage zu unterstreichen.

2. *Harmonische Verbindungslinien.* Diese sind gewöhnlich leichter zu finden, denn der Interpret muß sich in der Regel auf die offensichtlichen harmonischen Vorgänge konzentrieren, wie Modulation zu einer benachbarten Tonart, Rückkehr zur Anfangstonart usw. Harmonische Beziehungen zwischen den verschiedenen Sätzen einer Sonate oder Suite können manchmal bei den Werken aller möglichen Perioden, von Bach bis zur Romantik, entscheidend zur organischen Einheit beitragen. Im Verlauf des ersten Satzes der B-Dur-Sonate D. 960 von Schubert taucht flüchtig die Tonart des langsamen Satzes, cis-Moll, auf; dies sollte den Pianisten veranlassen, hier die Stimmung des langsamen Satzes vorwegzunehmen (Takt 118 ff.). Auch die e-Moll-Passage im ersten Satz, Takt 102 ff., des G-Dur-Klavierkonzerts von Beethoven muß, gleichsam nebelhaft verschleiert, die Atmosphäre des zweiten Satzes vorahnen lassen. Man sieht hier, daß über die bloße Akkordbezeichnung hinaus die vertikale Anordnung des Akkords für die Individualisierung der Harmonie von großer Bedeutung ist. In diesem Fall bildet der große Abstand der Noten im Moll-Akkord, mit der Terz als höchster Note, den Verbindungspunkt zum zweiten Satz. Als weiteres Beispiel könnten die cis-Moll-Harmonien in den Ecksätzen von Beethovens cis-Moll-Sonate op. 27 Nr. 2 dienen:

Beispiel 153 a

Oft wird ein langer Abschnitt nur durch ausgedehnte Modulationen zusammengehalten. Selbst wenn ein Musiker ein Stück von Haydn, Mozart oder Beethoven nicht kennt, weiß er dennoch beim ersten Hören, zu welcher Tonart eine solche Modulation unweigerlich führen muß. Er kann daher die vielen möglichen Umwege der Modulation genießen, bis das erstrebte Ziel erreicht ist. Dieses Gefühl der Spannung und Dramatik muß auch der Interpret teilen, wenn er bei solchen Passagen den Faden nicht verlieren will. In der Reprise der »Waldstein«-Sonate erscheint das ursprüngliche E-Dur-Seitenthema nun in A-Dur, also einen Schritt zurück im Quintenzirkel. Selbstverständlich muß die Tonart des Satzes, also C-Dur, schließlich wieder erreicht werden. Deshalb ist die Modulation in der zweiten Hälfte dieses Themas (Takt 200–203) wichtig für die Struktur. Das wird nach Schnabel dann klar, wenn man das Thema einfacher und weniger ausdrucksvoll spielt, etwa im Stil einer Improvisation auf der Orgel. Dabei sollte der d-Moll-Akkord im sechsten Takt des Themas der »wichtigste« sein (siehe Beispiel 58).

Schnabel benutzte Sequenzen immer dazu, große Spannungsbögen in der Musik zu ziehen. Vernachlässigt man die Struktur ausgedehnter Sequenzen, leidet darunter zwangsläufig die Darstellung der musikalischen Architektur. Wenn dieselbe melodische Figur viermal hintereinander gespielt wird, gehören gewöhnlich je zwei Figuren zusammen und bilden eine übergeordnete Einheit. In der Coda zum letzten Satz des Schumann-Klavierkonzerts kommt die Figur

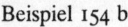

viermal vor, jedesmal von einem Sforzato-Akkord eingeleitet.
Dadurch, daß er den zweiten und vierten dieser Sforzato-
Akkorde als leisere Auflösung des ersten und dritten spielte,
vermittelte Schnabel einen besseren Eindruck dieser harmonisch komplexen Sequenz, als wenn er alle gleich laut gespielt
hätte. Dadurch sicherte er den großen Bogen und den
Schwung der Musik bis zum Höhepunkt:

Beispiel 154 b

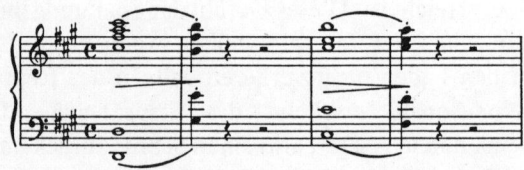

Um die Harmoniefolgen zu finden, die für die Struktur unerläßlich sind, muß man alles andere außer acht lassen. Eine
gute Methode besteht darin, die harmonischen Rhythmen in
einfachen Akkorden, wie eine einfache Continuo-Begleitung,
zu spielen. Schnabel machte beim Unterricht oft Gebrauch
davon, um die harmonische Struktur zu erhellen. Im Finale
von Schuberts a-Moll-Sonate op. 42 erscheint zum Beispiel
die gleiche Phrase, leicht variiert, zweimal zwischen Takt 108
und 123. Der einzige Unterschied ist, daß beim ersten Mal
(Takt 108–115) eine Modulation von a-Moll nach e-Moll stattfindet – weshalb Schubert ein Crescendo vorschreibt. Beim
zweiten Mal (Takt 115–123) wird die neue Tonart lediglich
bestätigt – weshalb kein weiteres Crescendo angebracht ist.
Diese Unterschiede sind wichtiger als die melodischen und
metrischen Ähnlichkeiten.

3. Rhythmisch-metrische Verbindungslinien (in der Laienspra-
che: »der Rhythmus des Stückes«). Ein gutes Beispiel für die
vereinheitlichende Funktion des Rhythmus ist die siebte Symphonie von Beethoven. Mit Ausnahme der Einleitung und des
Scherzos fängt hier jeder Satz mit einem Drei-Noten-Rhyth-
mus an, dessen erste Note länger ist als die beiden anderen
(Daktylus). Eine zusätzliche Verbindung zwischen den Sätzen
wird dadurch hergestellt, daß jeder dieser daktylischen Rhythmen zunächst auf dem Dominantton E präsentiert wird. Solche Vereinheitlichung entspricht dem Versmaß in einem
Gedicht, nur daß die Musik weitaus größere Variationsmöglich-
keiten bietet.

In manchen Werken ist der Rhythmus des Stückes zugleich
das Hauptmotiv; in anderen ist er nur der Puls oder ein Vibrieren oder wie man es sonst nennen mag; in manchen Stük-
ken ist der Rhythmus Hauptmotiv und Puls zugleich, wie zum
Beispiel die vier Paukenschläge in Beethovens Violinkonzert.
Trotz der äußerlichen Ähnlichkeit dieser Eröffnung des Vio-
linkonzerts mit der von Beethovens Klaviersonate D-Dur
op. 28 ergeben die Baßnoten in letzterer nur einen Puls und
spielen keine thematische Rolle. Dagegen enthält der Beginn
des Finales der Es-Dur-Sonate op. 31 Nr. 3 nur ein rhythmisches Motiv ohne kontinuierlichen Puls.

Das rhythmische Geschehen gewinnt besonders dann an
Bedeutung, wenn – wie in dem Beispiel aus Beethovens sieb-
ter Symphonie – die melodische Tonhöhe unverändert bleibt,
weil die Aufmerksamkeit des Zuhörers dann von selbst stärker auf das Zeitelement gelenkt wird. Schuberts Musik erhält
ihren rhythmischen Charakter zum großen Teil durch diesen
Effekt, wie folgende Beispiele zeigen: die wiederholten Noten
am Anfang der »Wanderer«-Fantasie, der erste und dritte
Takt des B-Dur-Impromptus op. 142 Nr. 3, das Seitenthema
des ersten Satzes der A-Dur-Sonate op. 120 und Takt 2 und 4
des »Moment musical« in f-Moll op. 94 Nr. 3. Hier bestand
Schnabel darauf, richtig zu artikulieren: Jede Note mußte
gleich lang gespielt werden, vollkommen abgesetzt durch separaten Anschlag und mit geringen Akzenten (wenn über-

haupt) auf den Taktschwerpunkten. Dadurch kann man die
Flexibilität dieses zarten Rhythmus spüren, auf dem die ganze
Struktur ruht. In vielen der zitierten Beispiele besteht der
Rhythmus aus einem Viertel gefolgt von zwei Achteln, wobei
man besonders auf das zweite Achtel aufpassen muß, damit es
nach den beiden auffälligen Mitnoten nicht als benachteiligter
Partner – zu früh und zu leise – erscheint.

Ein weiteres Mittel zur rhythmischen Verbindung zwischen
Teilen eines Stückes, das Schubert oft benutzt, ist, daß er bei
Stücken im ³/₄-Takt das zweite Viertel im Baß betont. Das
klassische Beispiel dafür ist das Es-Dur-Impromptu op. 90
Nr. 2, wo dieser Baßrhythmus den Hauptteil und das Trio
verknüpft (vgl. Seite 69 f.).

Beide Mittel, nämlich Tonwiederholungen im Diskant und
Akzente auf dem zweiten Viertel im Baß, kombiniert Schubert bei einer der lieblichsten Stellen in seiner Klaviermusik,
nämlich im Scherzo der Klaviersonate in D-Dur op. 53:

Beispiel 155 a

Jede der drei Viertelnoten in den ungeraden Takten dieses
Beispiels ist mit einem vom Komponisten angegebenen Akzent versehen! In Wirklichkeit erscheinen hier zwei typische
Schubert-Rhythmen sozusagen kontrapunktisch: in der rechten Hand der gleiche ebenmäßige Rhythmus wie im zweiten
und vierten Takt des »Moment musical« in f-Moll op. 94 Nr. 3,
in der linken Hand der Rhythmus mit betontem zweiten Viertel aus dem Es-Dur-Impromptu op. 90 Nr. 2. Schnabel machte
diese gefällige Kombination durchsichtig, indem er streng zwischen Akzenten der rechten und der linken Hand unterschied,
so daß sie sich gegenseitig nicht beeinflußten, und indem er
vom zweiten Viertel jedes Taktes zum Schwerpunkt des nächsten hin phrasierte:

Zu diesem Zweck verzögerte er das zweite Viertel in der linken Hand um eine Spur, während das erste Viertel genau im Takt kam. Gegen Ende der Phrase ließ er sich etwas mehr Zeit für den g-Moll-Akkord, der zwischen zwei B-Dur-Akkorden steht. Dadurch, daß er Schuberts Akzente verhalten spielte und das Rubato auf ein Minimum beschränkte, bewahrte Schnabel diese Passage vor einem breit »wienerischen« Klang und behielt zusätzlich auch das Schwebende ihres Charakters bei.

Bei Schuberts unzähligen »umtscha«-Begleitfiguren hat das »-tscha« immer eine synkopierende Wirkung, als ob es von einem anderen Instrument gespielt würde (siehe Beispiel 57). Diese rhythmische Figur, die zu den Eigentümlichkeiten der musikalischen Sprache Schuberts gehört, bezeichnete Schnabel als »dreihändige Klaviermusik«. Er glaubt, daß man die korrekte Artikulation für diese Begleitung am leichtesten dadurch erlernen könne, daß man sie mit beiden Händen spiele – was er dann auch als Übungsmethode empfahl. Erst nach einem ausreichenden Training der »Ohrkontrolle« sollte man Melodie und Begleitung zusammen spielen.

Chopin benutzt zeitweise Polyrhythmen, wie zum Beispiel in der f-Moll-Etüde op. 25 Nr. 2 und im As-Dur-Walzer op. 42. Wie bei den oben in Beispiel 110 gegebenen Beethoven-Stellen müssen die Rhythmen deutlich und voneinander unabhängig gespielt werden; nur ist der Polyrhythmus bei Chopin ein thematisches Element, während er bei Beethoven einfach ein spielerisches Zubehör bildet.

Die berühmten synkopierten Rhythmen bei Brahms tragen andererseits nicht zur Geschlossenheit eines Werkes bei, sondern sorgen für Abwechslung. Eine Ausnahme ist das d-Moll-Capriccio op. 116 Nr. 7:

Beispiel 156 a

Hier wechselt das Kurz-Lang der einen Hand mit dem der anderen ab. Die rechte Hand soll im Diminuendo spielen, die linke im Crescendo. Die Fingersätze, die von Brahms selbst stammen, ermöglichen diesen Effekt. Schnabel demonstrierte das einmal, indem er diese Passage etwa in folgender Vereinfachung spielte:

Beispiel 156 b

Auf diese Weise kann die Musik von einem Takt zum nächsten fließen, und die rhythmische Gliederung hilft der melodischen Kontinuität, wie Schnabel sie wünschte, anstatt daß die Musik in halbtaktige Phrasen zerpflückt und die Melodieführung unterbrochen wird, was hier sehr leicht geschehen kann.

Bei Tänzen und tanzartigen Kompositionen stellt der Grundrhythmus das wichtigste Element für den Vortrag dar. Schnabel erklärte wesentliche Tanzrhythmen immer sehr ausführlich, einschließlich derjenigen, die Bach in seinen Suiten und Partiten gebraucht hat. Leider sind meine Notizen und Erinnerungen in diesem Punkte unvollständig. Ich weiß nur noch, daß er bei Sarabanden darauf bestand, im dritten Takt jeder viertaktigen Phrase alle drei Zählzeiten als zum Rhythmus gehörig zu spielen, während im ersten, zweiten und vierten Takt nur die beiden ersten Zählzeiten dazugehören. Er sah die Allemande als einen Tanz in gleichmäßigen Achteln an, die eine »angenehme, runde und durchsichtige« Atmosphäre schaffen. Bei der Courante vom Typus der meisten »Englischen Suiten« und Partiten empfahl er, um den Wechsel von $^3/_2$-und $^6/_4$-Takt deutlich hervorzuheben, bei beiden Taktarten den Takt in zwei gleiche Hälften zu teilen, so daß man neue Phrasen immer auf dem vierten Viertel anfängt.

Anhand des Prélude »La Puerta del Viño« von Debussy lehrte Schnabel die Habanera als punktierten Rhythmus, bei dem das Sechzehntel, das dem Punkt folgt, betont werden muß. Bei der Mazurka erklärte er, daß das dritte Viertel nur in jedem zweiten Takt zu betonen sei, nicht in jedem Takt. Ganz allgemein beschrieb er die Mazurka als einen »Tanz, der rundum geht«. Siehe Chopins Mazurka in a-Moll op. 68 Nr. 2:

Beispiel 157

Im Walzer-Rhythmus gibt es, trotz der Vielzahl grundverschiedener Walzertypen, ein gemeinsames Element, nämlich daß das dritte Viertel immer leichter gespielt werden muß als die ersten beiden; diese bilden zusammen den Schwerpunkt eines gleichsam hinkenden Zweiertaktes (siehe Seite 69). Schnabel bestand darauf, auch andere Stücke mit walzerähnlichen Begleitungen entsprechend zu spielen. Das dritte Viertel im Thema von Chopins g-Moll-Ballade zum Beispiel mußte leiser sein als das zweite; ebenfalls im a-Moll-Rondo KV 511 von Mozart und in Variation I des letzten Satzes von Beethovens E-Dur-Sonate op. 109: Alle drei Stücke sind sehr ernst, und niemand sollte hier an Walzer denken; trotzdem muß man den Walzer-Aspekt des Rhythmus respektieren.

Viele von Schumanns Stücken, zum Beispiel »Glückes genug« aus den »Kinderszenen« op. 15, haben einen gehenden Rhythmus, der wie ein Tanzrhythmus behandelt werden muß. Am Ende dieses Stückes darf trotz der Verlangsamung, die Schumann vorschreibt, der fortschreitende Grundrhythmus nicht vernachlässigt werden. Deswegen machte Schnabel bei den Sechzehntelnoten, die vor jedem Schritt kommen, kein Ritardando. Trotz des verlangsamten Pulses spielte er sie mit der gleichen absoluten Geschwindigkeit wie die früheren Sechzehntel, so daß der Zuhörer sie als identisch erkennen konnte.

Da scharfe Rhythmen eher trennen als vereinheitlichen, hielt Schnabel es manchmal für angebracht, die divergierenden Rhythmen zu addieren und zu kombinieren, um eine lange Phrase zusammenzuhalten. Zum Beispiel stellte er sich in Takt 17 des langsamen Satzes von Beethovens »Waldstein«-Sonate fünf ununterbrochene Zweiunddreißigstel am Ende des Taktes vor (statt zwei in der rechten und drei in der linken Hand):

Beispiel 158 a   Beispiel 158 b

2. Die Gliederungen (insbesondere Phrasierungen)

Indem man gewisse Teile eines organischen Ganzen miteinander verbindet, löst man sie automatisch von anderen ab (und umgekehrt). Jede solche »Nahtstelle« zwingt uns, das zu beachten, was der Komponist unserer Ausarbeitung überlassen hat. Eins der wichtigsten Kriterien zur richtigen Ausführung der Phrasierung ist dabei die Tatsache, daß dort, wo etwas Neues beginnt, auch etwas Altes weitergeht. Phrasieren heißt absetzen – aber Absetzen ist noch lange nicht alles, was zum

Phrasieren gehört. Die letzte Note einer Phrase ist häufig zugleich die erste Note der nächsten; der zweite Teil einer Phrase kann der Anfang der nächsten werden; eine ganze Phrase kann nachträglich als erster Teil einer folgenden Phrase wirken. Viele Stellen sind mehrdeutig, wie zum Beispiel der Mittelteil von Nr. 5 aus Schumanns »Kreisleriana«:

Beispiel 159 a

Die anfängliche Reihenfolge der beiden Teile dieser Melodie läßt sich unmöglich mit dem Schluß dieses Abschnitts in Einklang bringen, wo sie in umgekehrter Folge auftreten:

Beispiel 159 b

Wahrscheinlich beabsichtigte Schumann, daß die Phrase auf beide Arten gehört werden sollte; deshalb dürfen die beiden Hälften nicht zu sehr voneinander getrennt werden.

Viele Feinheiten des Phrasierens sollen wirklich nur vom Ausführenden bemerkt werden; das gilt besonders für schnelle Passagen. In Schnabels eigenen Worten ist Phrasierung hier »nicht mehr als ein Privatvergnügen des Interpreten, während der Zuhörer lediglich die besondere Gefälligkeit der Figuren bemerkt, die in anderer Ausführung eher mechanisch klingen könnten«. Bei Stellen wie dem schnellen Mittelteil der dritten Chopin-Ballade in As-Dur und dem Finale der h-Moll-Sonate op. 58 gab Schnabel Ratschläge dieser Art, weil Unterteilung der Figuration hier psychologisch notwendig ist. In beiden Fällen riet er seinen Schülern, sich die Phrasierung der durchgehenden Sechzehntelläufe vom vierten Sechzehntel eines Taktes zum dritten des nächsten vorzustellen, dies aber so diskret zu machen, daß dadurch keine Unterbrechung zustande kommt.

Beispiel 160

Beispiel 161

In Fällen wie im ersten Takt des vierten Klavierkonzerts von Beethoven hielt Schnabel es für wichtig, sich das Thema in mehr als einer Phrasierung vorzustellen. Er empfahl, auf dem Schwerpunkt beginnend, mit jedem der vier Achtel eine neue (Unter-)Phrase anzufangen, und zwar wie folgt:

Beispiel 162

In älterer Musik kommt es oft vor, daß zwei scheinbar kontrastierende melodische Elemente innerhalb eines Abschnitts oder sogar einer einzigen Phrase in Wirklichkeit nur verschiedene Erscheinungsformen des gleichen Materials sind. Schnabel zeigte am Beispiel des Anfangs des As-Dur-Impromptus op. 90 Nr. 4 von Schubert, daß die zerlegten Akkorde der ersten vier Takte mit den vollen Akkorden zwei Takte später im wesentlichen identisch sind. Sie verhalten sich zueinander wie Wasser und Eis, das heißt zwei Erscheinungsformen desselben Elements, und man könnte sich durchaus auch die folgende Kombination vorstellen:

Beispiel 163

Wenn der Komponist jedoch den Interpreten über die Anfangsstelle eines neuen Abschnittes im unklaren lassen will oder das Anfangsthema gleichsam unbemerkt einschleusen will, wäre es vom Interpreten ganz falsch, eine Trennung vorzunehmen, nur um einem formalen Konzept gerecht zu werden. An vielen Stellen stellte Schnabel einfach fest, daß der Komponist keine Anweisung zum Absetzen gegeben habe, und versuchte dann nicht etwa, von sich aus zu unterbrechen. Ein solches Beispiel finden wir im letzten Satz von Beethovens B-Dur-Sonate op. 22, einen Takt bevor das Thema in der linken Hand erscheint:

Beispiel 164 a

Dieser ganze Takt wird zum Auftakt für das Thema, so daß es nicht gestattet ist, die letzten drei oder die letzten sechs Zweiunddreißigstel von den anderen abzusetzen, als ob man mit ihnen das Thema wieder beginnen würde:

Beispiel 164 b

(Eine ähnliche Situation findet man an der entsprechenden Stelle von Beethovens Violinsonate op. 24, der »Frühlingssonate«.) Mit dem Anfangsthema von Chopins zweiter und dem seiner vierten Ballade verhält es sich ähnlich. Hier dienen Tonwiederholungen als Einleitung, und der Pianist darf dieser Intention des Komponisten nicht durch Akzente oder irgendwelche Verzögerungen entgegenwirken.[1]

---

1 Ich war Zeuge, wie Schnabel den wahren Charakter des Anfangs der vierten Ballade demonstrieren wollte, indem er eine viel größere Anzahl von Oktaven g'-g" am Anfang spielte und das Hauptthema gleich anschloß (ohne Unterbrechung).

Schließlich muß hier noch das *Arioso dolente* aus Beethovens Sonate in As-Dur op. 110 erwähnt werden: Die Akkorde in der linken Hand müssen ohne Unterbrechung weitergehen, wenn die Melodie in der rechten Hand beginnt.

In asymmetrischen metrischen Perioden kann die Phrasierung sehr problematisch werden. Für die Takte 369–376 im Finale von Schuberts G-Dur-Sonate op. 78 machte Schnabel einmal den Vorschlag, wie er in Beispiel 165 über den Noten vermerkt ist:

Beispiel 165

In einer späteren Unterrichtsstunde fand er eine andere Lösung, wie sie in Beispiel 165 unter den Noten steht. Jede dieser beiden Phrasierungen verdeutlicht andere Aspekte der Struktur.

Man vermeidet also Akzente dort, wo eine Unterbrechung nicht erwünscht ist. Umgekehrt setzt man dort, wo eine Unterbrechung vor einer neuen Phrase notwendig erscheint, Akzente, besonders auf Auftaktnoten. Manchmal sind ein Akzent *und* ein Verweilen nötig, wie nach dem ersten Achtel in Takt 166 des d-Moll-Klavierkonzertes von Brahms:

Beispiel 166

Wenn man hier gleich weiterspielen würde, wäre die Gefahr groß, daß die beiden Melodien wie ein Tintenklecks ineinander zerlaufen. Der Unterbrechungsakzent muß allerdings leiser sein als der darauffolgende Ausdrucksakzent auf f".

Diese Beispiele sind viel zu unvollständig, um als Richtschnur für Phrasierung zu dienen. Vielleicht ist gerade Phrasierung mit all ihren winzigen Schattierungsmöglichkeiten der individuellste Ausdruck der Interpretenpersönlichkeit bei der Aufführung. Auch Schnabels Lösungen hatten in vielen Fällen ganz persönlichen Charakter, wie aufmerksame Hörer seiner Schallplattenaufnahmen entdecken können.

3. Die individuelle Charakterisierung in jedem Werk

Diese Ausführungen beziehen sich auf das »Wesen« eines jeden Werkes und eines jeden Abschnitts innerhalb eines Werkes. Mit anderen Worten: Wodurch unterscheidet sich dieses Werk von allen anderen, oder was macht einen Abschnitt verschieden von dem nächsten? Den zahllosen Verbindungen, die Kontrast und Kontinuität in der Kunst eingehen, sind wir schon früher begegnet. Hier ergeben sich jetzt Ansatzpunkte, eine Komposition und ihre Strukturaufteilung für die Aufführung verständlich zu machen. Wenn zum Beispiel bei einem Sonatensatz das thematische Material in der Reprise wieder auftaucht, muß es genau wie beim ersten Mal phrasiert werden, damit man es wiedererkennen kann. Dabei muß jedoch auch in Betracht gezogen und gezeigt werden, welche Entwicklung das ganze Stück seit der Exposition genommen hat. Schnabel machte gern auf Einzelheiten aufmerksam, die sich im Laufe eines Stückes verändern. Am Anfang des Scherzos der »Hammerklavier«-Sonate op. 106 schreibt Beethoven vom Auftakt zum Schwerpunkt ein Crescendo vor; in Takt 14 sind aber die gleichen Noten mit einem Diminuendo versehen. In Schuberts As-Dur-Impromptu op. 142 Nr. 2, in dem die Schlußphrase des Hauptteils wiederholt wird (Takt 31–38; Takt 39–46), steht beim ersten Mal ein Crescendo im sechsten und siebten Takt, beim zweiten Mal schon im fünften und sechsten Takt.

Schnabel fühlte auch sehr genau den Unterschied zwischen

langen und kurzen Noten innerhalb einer Phrase, besonders
am Ende der Phrase. Seiner Interpretation nach mußten die
drei wiederholten Noten a' in Takt 2 der letzten Mozart-
Sonate, D-Dur KV 576, so gespielt werden (er sang sie auch so
vor): »kurz-und-lang«.

Beispiel 167

Das erste a' gehört noch zu dem *non legato* gespielten ersten
Takt, während die beiden anderen Noten a' eine Brücke zum
nächsten Takt bilden.

Die erste Note von Schuberts c-Moll-Impromptu op. 90
Nr. 1 erscheint wieder während der Coda (Takt 194 ff.), und
zwar zweimal:

Beispiel 168 a

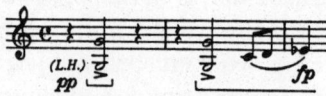

Nur beim ersten Mal folgt eine Pause, beim zweiten Mal
schließt sich der Rest des Themas gleich an; das gleiche geschieht vier Takte später noch einmal mit vertauschten
Stimmen:

Beispiel 168 b

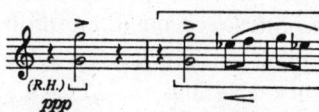

Die gleiche musikalische Situation findet man in Schuberts
B-Dur-Sonate D. 960, Takt 341:

Beispiel 169

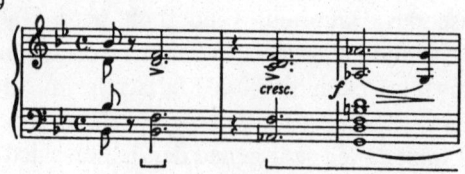

In beiden Fällen hielt Schnabel es für sehr wichtig, daß man zwischen abgetrennten und verbundenen Noten unterschied.

Beethovens e-Moll-Sonate op. 90 beginnt mit einem Achtelauftakt, dem eine Achtelpause folgt; im Gegensatz dazu bestehen die dritten Taktteile in Takt 2 und 3 und der Schwerpunkt von Takt 4 aus Viertelnoten. Beethoven schrieb hier also mit Absicht ein unvollkommenes Echo, eine Tatsache, die Schnabel sehr bedeutend erschien:

Beispiel 170

Schnabel hatte ein Ohr für »reimende« Phrasen und hielt die Verdeutlichung solcher Reime für notwendig, wenn die Melodie deutlich hervortreten sollte. Das aufsteigende Arpeggio im Finale von Schuberts G-Dur-Sonate op. 78, Takt 57, findet zwei Takte später im absteigenden Arpeggio sein Gegenstück:

Beispiel 171

Schubert versah in beiden Fällen die letzte Note des Arpeggios mit einem Akzent. Das bedeutet natürlich, daß man den jeweiligen Schwerpunkt in der rechten Hand nicht betonen soll.

Im Fugatothema von Beethovens Sonate in E-Dur op. 109, Variation V:

Beispiel 172

bilden die letzten beiden Noten eine Verkleinerung der ersten beiden. Die meisten Pianisten ignorieren diese wichtige melodische Verbindung der beiden großen Terzen, weil sie mit der ebenfalls im zweiten Takt beginnenden Imitation zu sehr beschäftigt sind. Im Thema selbst erscheinen nämlich die beiden Terzenpaare in gleichen Notenwerten, so daß das neue melodische Element in Variation V gerade aus dieser Verkleinerung besteht. Damit das deutlich hörbar wird, darf dann kein Diminuendo von dis nach h gemacht werden.

Das erste Stück aus Schumanns »Kinderszenen« op. 15, »Von fremden Ländern und Menschen«, hat in Takt 1, 3 und 5 die gleichen Melodienoten h' und g'':

Beispiel 173

Takt 5 unterscheidet sich jedoch von den beiden anderen durch ein langes g in der linken Hand. Um diesen Unterschied deutlich hervorzuheben, schlug Schnabel vor, Takt 1 und Takt 3 *diminuendo* von h' zu g'' zu spielen, den fünften Takt aber leise anzufangen und die hohe Note mit einem Crescendo zu erreichen.

Das als *sostenuto sempre* bezeichnete Thema am Schluß des ersten Teils der h-Moll-Rhapsodie op. 79 Nr. 1 von Brahms (Takt 22 ff.) erscheint zweimal, das zweite Mal im halben Tempo; das wird mit einer Kombination von Vergrößerung und Wiederholung von Figuren erreicht (Schubert macht es ebenso am Ende des ersten Satzes seines »Divertissement à la Hongroise«):

Beispiel 174 a

Schnabel betonte das vierte und letzte fis' am Ende von Takt 25 (zu dem das Crescendozeichen ja auch hinführt), so als ob die Stelle folgendermaßen notiert wäre:

Damit brachte er die strukturelle Verbreiterung der Musik am Ende der Exposition voll zum Ausdruck (siehe auch Beispiel 103).

Diese und ähnliche Unterscheidungen müssen bei der Aufführung natürlich beachtet werden. Es soll aber noch einmal betont werden, daß es grundfalsch wäre, künstlich Unterschiede zu schaffen, wo es keine gibt. Schnabel regte sich häufig über Geschmacksverirrungen auf, wie äußerlich aufgesetzte Echowirkungen oder die leise Wiederholung einer Stelle, die beim ersten Mal laut gespielt wurde. (Diese wurden schon früher besprochen.) Als warnendes Beispiel stellte er seinen Schülern Bruno Walter vor Augen, den er im übrigen achtete und schätzte. Dieser hatte bei einer Aufführung, die er vom Klavier aus leitete, das Seitenthema des ersten Satzes von Mozarts Klavierkonzert A-Dur KV 488 zuerst allein am Klavier langsamer und mit Rubato vorgetragen, während er dann die zweite Hälfte dieses Themas im Orchester *a tempo* und *semplice* dirigierte. Wer der Versuchung nachgab, verschieden zu spielen, wo gleicher Klang beabsichtigt war, bewies in Schnabels Augen mangelhaftes Strukturverständnis.

Im ersten Klavierkonzert von Brahms sind *alle* Spitzentöne in Takt 142 des ersten Satzes Melodienoten:

Beispiel 175 a

Dadurch kommt eine Variante der Klarinettenstimme in Takt 46 zustande:

Beispiel 175 b

Im zweiten Klavierkonzert von Brahms hat der Solist seinen ersten Einsatz in Takt 2. Wie früher bemerkt (Seite 48), darf er das es''' auf dem letzten Viertel dieses Taktes nicht betonen, sondern muß es als Auftakt ohne Akzent spielen:

Beispiel 176

Im Gegensatz zu Takt 1, wo in der Hornstimme die Achteltriolen auf Viertelnoten folgen, ist das Echo im Klavierpart Teil einer ständigen Triolenbewegung, die mit dem Horn einsetzt. Schnabel wollte diesen Anfang im Takt gespielt haben, »leicht, träumerisch«, so daß der Zuhörer die ganze Phrase in einer fortdauernden B-Dur-Harmonie ungestört aufnehmen konnte.

In Variation VII der Händel-Variationen von Brahms spielt die rechte Hand Tonwiederholungen über einer Variante des Themas. Durch ihre trompetenartige Klangfarbe gewinnen die Wiederholungen an Gewicht gegenüber dem darunterliegenden Thema, das sowieso deutlich genug ist. Deshalb muß sich der Pianist auf die Oberstimme konzentrieren.

Beispiel 177

Ähnliche Beispiele findet man im letzten Teil des h-Moll-Capriccios op. 76 Nr. 2 von Brahms

Beispiel 178

und im Schlußsatz von Beethovens F-Dur-Sonate op. 10 Nr. 2, Takt 69. Im letztgenannten Beispiel bereitet Beethoven die Tonwiederholungen durch einen intensiven rhythmischen a"-gis"-Triller vor:

Beispiel 179

Dieser Triller ist ein Beispiel für eine rasche Bewegung, die einem Werk Schwung und Lebhaftigkeit verleiht, selbst einem tragischen. Sogar wenn sich das auf die Begleitfiguren beschränkt, muß die Bewegung als solche deutlich gemacht werden, wie in den drei folgenden Beispielen: Schumann, Coda des ersten Satzes der g-Moll-Sonate op. 22:

Beispiel 180

Beethoven, erster Satz der »Pathétique« op. 13:

Beispiel 181

und Brahms, erste Episode (F-Dur) aus dem letzten Satz der f-Moll-Sonate op. 5. In allen drei Stücken verlangte Schnabel, daß die inneren Stimmen intensiv vibrierten.

Wo eine Melodie sich, in der Art eines gesungenen Duetts, in Terzen, Sexten oder Dezimen vorwärtsbewegt, muß die Unterstimme »mitführen«, wenn auch aus akustischen Gründen etwas leiser.[1] Dies gilt beispielsweise in Beethovens A-Dur-Sonate op. 2 Nr. 2 für das Thema des langsamen Satzes: Beide Stimmen müssen in ihrer »Zusammengehörigkeit« gehört werden, und zwar vom ersten Akkord an, wo die oberen Stimmen in beiden Händen mit dem Thema beginnen. Siehe auch das Seitenthema des ersten Satzes von Beethovens D-Dur-Sonate op. 28.

In Variationswerken, in denen die Harmoniewechsel in jeder Variation im gleichen Rhythmus stattfinden, muß die gleiche Artikulation beibehalten werden; dazu gehört vor allem auch die Dynamik. Wie zu Anfang von Kapitel V erklärt, ist das Crescendo in Takt 2 des zweiten Satzes von Mozarts B-Dur-Klavierkonzert KV 450 auch bei den Variationen zu beachten:

Beispiel 182

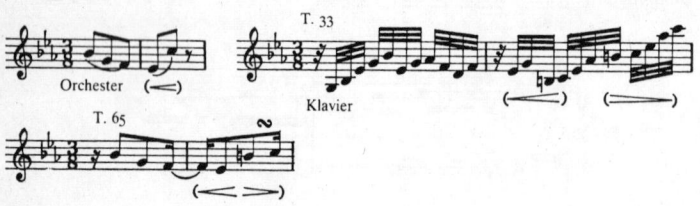

---

1 Siehe Seite 189.

Was den Charakter eines Werkes betrifft, so machen viele Interpreten den Fehler, daß sie das Gefühl für die richtigen Proportionen verlieren und damit auch die Balance bei der Aufführung. Dies geschieht infolge der Tendenz, über einem einzigen Aspekt der Musik – *einem* Akkord, *einem* Takt – das Ganze zu vernachlässigen und den Ausdruck auf diesen einzigen Akkord, diesen einzigen Takt zu beschränken. Schnabel wies seine Schüler im Zusammenhang mit den vielen *sforzato*-Zeichen bei Beethoven und den *ritardando*-Zeichen bei Schumann darauf hin, daß die Interpretation solcher Bezeichnungen in das Gesamtbild einer Phrase oder Episode passen muß.

Schnabel sprach selten vom allgemeinen Charakter eines Werkes; meist dann, wenn er auf die Spannungen hinweisen wollte, die der Musik innewohnen. Die harmonische Spannung im ersten Präludium des »Wohltemperierten Klaviers« Teil I löst sich auf, sobald der Baß zu der Note G in Takt 24 gelangt.[1] Im Mittelteil des zweiten Satzes von Schuberts B-Dur-Sonate D. 960 (Takt 67 f.) hält eine fast mystische Erwartung alles einen Augenblick lang in der Schwebe, bevor sich der Baß von F nach E abwärtsbewegt. Schnabel sagte, man solle hier warten, bis man sich bereit fühle, diese Auflösung in aller Stille mitzuvollziehen:

Beispiel 183

Zum Abschluß dieses Kapitels möchte ich einige von den Beobachtungen mitteilen, die Schnabel einmal während einer

---

[1] Schnabel duldete allerdings kein Ritardando in Takt 23, wie es die Generation vor ihm gemacht hatte.

einzigen Unterrichtsstunde machte. Er untersuchte Struktur und Charakter der Exposition des ersten Satzes in Beethovens D-Dur-Sonate op. 10 Nr. 3 und hatte für jeden Schritt in der Musik eine klare Antwort auf die Frage »Was geschieht hier?«.

1. Der schwere Auftakt, mit dem das Stück beginnt, führt im *legatissimo* zum Schwerpunkt. Dieses Legato gehört zum Motiv und muß den ganzen Satz hindurch beachtet werden. Im letzten Satz wiederholt sich dieses Prinzip.

2. Nicht Takt 10, sondern Takt 16 bildet den Schluß der ersten Phrase. Takt 16 ist *fortissimo* zu spielen.

3. Die Passage von Takt 23 bis Takt 38 ist in viertaktigen Perioden nach dem Prinzip S-S-L-L aufgebaut (siehe Beispiel 67).

4. Takt 38 bis 45: Steigerung der Intensität, nach Takt 40 sogar ein »Hereinstürzen von allen Seiten«. Das Pedal wird in Takt 45 durchgehalten. In diesem Takt ist die erste Note – a'' – wichtig, weil sie erst zwei Takte später, am Anfang von Takt 47 zu gis, aufgelöst wird.

5. Das Seitenthema ist dreiteilig, wobei die ersten und dritten Teile auf gis'-e' enden:

Beispiel 184

Keine Eile in Takt 56 bis 60 und kein Akzent auf a' auf dem dritten Viertel von Takt 58. Das gis'' in Takt 65 ist ein Echo der gleichen Note in Takt 63.

6. Takt 71 bis 74: Die rechte Hand spielt viermal den Halbtonschritt cis'-d'. Das darauffolgende Crescendo sollte durch eine Betonung der verschiedenen Dominantnoten erreicht werden, auf die Beethoven sein *sforzato*-Zeichen bezieht. Manche der Dominantnoten sind Einzelnoten, andere werden durch Oktaven verdoppelt.

7. In Takt 86 ff. phrasiert man die Oberstimme den steigenden Intervallen entsprechend so:

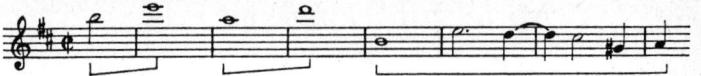

8. Takt 93 bis 113: Bestätigung der Kadenz durch wiederholte aufsteigende A-Dur-Tonleitern (Takt 93–97, 98–101, 102–105). Diese beginnen auf dem tiefen A in Takt 93 und stellen eine melodische Verbindung (im Sinne der Beispiele aus dem Anfang dieses Kapitels) dar.

9. Das Baß-Ostinato über A in Takt 113 führt eine neue metrische Einheit ein. Die Phrasierung muß hier auf die Struktur des Basses abgestimmt sein und darf sich nicht nach den anders gruppierten Melodieteilen richten, die, ebenfalls in der linken Hand, drei Viertelschläge später beginnen und von der rechten Hand echoartig wiederholt werden:

Beispiel 186

Die Figurationen in der rechten Hand sind nur Lückenbüßer und wurden vom Komponisten mit einem *pianissimo* versehen. Um diesen Abschnitt zu verstehen, ist es von Nutzen, daß man zuerst die linke Hand allein liest und spielt, da hier alles Wesentliche geschieht.

XI

Mittel zur Klangkontrolle

1. Klangfarbe

Schnabel untersuchte die Klangfarbe des Klaviers nicht vom wissenschaftlichen, sondern vom künstlerischen Standpunkt aus. Er war fasziniert von der Tatsache, daß die Klangfarbe des Klaviers, obwohl ihre Eigenart ganz unverkennbar ist, über alle Oktaven hinweg gleichbleibt, im Gegensatz zur Klarinette, deren tiefste Töne von einem anderen Instrument zu stammen scheinen. Schnabel sagte oft, daß Beethoven sich dieser Tatsache bewußt war und sie schon früh (etwa in den »Eroica«-Variationen op. 35, Variation XV, Takt 22 und 30) ausnutzte, besonders in den vielen Passagen, wo die höchsten und tiefsten Töne eine Einheit bilden, die die individuelle Klangfarbe als solche verschwinden lassen. Keine Orchestrierung von Beethovens Klaviersonaten – in der diese Noten etwa von Piccolo und Kontrabaß oder einer ähnlichen Kombination übernommen würden – könnte solch ein homogenes Klangbild vermitteln. Der Zuhörer wäre kaum in der Lage, ungestört auf Harmonik und Stimmführung zu achten.

Dieses akustische Phänomen (das Schnabel nie wissenschaftlich ausdrückte) erklärt vielleicht, warum der Klavierton, um Schnabels Ausdruck zu gebrauchen, »neutral« ist.[1] Damit meinte er einfach, daß man sich beim Klavierspielen alle möglichen anderen Instrumente vorstellen kann. Wenn man zum Beispiel eine klassische Symphonie vierhändig vom Blatt spielt, kann man innerlich die Orchestrierung hören, selbst wenn einem die Symphonie völlig unbekannt ist: der Orchesterklang stellt sich automatisch durch Gedankenassoziation ein. Die anderen Tasteninstrumente, wie Cembalo oder Orgel, sind zu diesem Zweck nicht so sehr geeignet. Für

---

1 Artur Schnabel, My Life and Music, herausgegeben von E. Crankshaw, New York 1963, S. 178.

den Zuhörer verträgt sich ihr spezifisches Timbre nicht mit dem von anderen Instrumenten.

Das bringt uns zu dem praktischen Problem: Soll der Pianist versuchen, den Klang anderer Instrumente nachzuahmen? Ist er dazu berechtigt oder sogar verpflichtet? Soll ihm also bei bestimmten Themen der Klaviermusik bewußt der Klang einer Oboe, Violine usw. vorschweben? Schnabel hielt es für unumgänglich, bei manchen Werken den Versuch zu unternehmen, zum Beispiel im langsamen Satz des A-Dur-Klavierkonzerts KV 488 von Mozart, Takt 80–82:

Beispiel 187

Schnabel wies darauf hin, daß Mozart durch Aufteilen der Begleitung zwischen Klavier und Fagott einen homogenen Klang erreichen wollte und daß es deshalb nötig sei, im Klavierpart den gleichmäßigen *non-legato*-Klang des Fagotts so weit wie möglich nachzuahmen. In den Sonaten und Fantasien behandelt Mozart das Klavier gelegentlich wie ein Holzblasinstrument; manchmal geht er sogar noch weiter: In der ganzen A-Dur-Sonate KV 331 gibt es Passagen, die bei Schnabel türkische Assoziationen wachriefen, nicht nur im *Rondo alla Turca;* er wies auch auf die Oktavenstelle in Variation III des ersten Satzes hin, auf die Stelle mit gekreuzten Händen in Variation IV (und im Trioteil des Menuetts) und besonders auf die letzte Variation. Alle diese Stellen erinnern an die Klangeffekte in Mozarts »Entführung aus dem Serail«. Schnabel sah diese Sonate als Tour de force, die der Komponist wahrscheinlich für seine eigenen Konzerte geschrieben hatte, um sein Publikum auf einem klanglichen Zauberteppich in die Türkei zu entführen.

Solche Fälle stellen gewiß eine Ausnahme dar, und Schnabel sah die Absicht der meisten Komponisten darin, daß sie Musik für das Klavier komponieren, die auch wie Klaviermusik klingen sollte und nicht wie etwas anderes.[1] Schnabel war der gleichen Meinung wie Beethoven, Mendelssohn, Schumann und Brahms, was die Musik Bachs betraf: Sie muß als Klaviermusik behandelt werden, wenn sie auf diesem Instrument gespielt wird. Bach auf dem Klavier, so glaubte er, sollte unter Verwendung aller klanglichen Möglichkeiten des modernen Flügels gespielt werden, um der Struktur, dem Charakter und der Artikulation der Musik entsprechend dem Wesen des Instruments gerecht zu werden. In diesem Zusammenhang sagte er einmal: »Können Sie sich vorstellen, daß Beethoven sich im Alter geweigert hätte, eine seiner frühen Sonaten zu spielen, nur weil sein neues Instrument ganz anders klang als die Instrumente seiner Jugend?«

Selbst wenn er Transkriptionen lehrte (wie die »Paganini-Etüden« von Liszt), hielt Schnabel es für falsch, die Klangfarbe der Originalinstrumente zu imitieren. Eine Bearbeitung dieser Art hat ihre eigene Daseinsberechtigung, und der Interpret soll darauf achten, daß die Musik auch im neuen Gewand ihre Identität bewahrt.

Ohne Zweifel wird das Gefühl für Klangeffekte durch Assoziationen von Orchester- und Instrumentalklängen bereichert. Manchmal ist eine direkte Imitation erlaubt und sogar erwünscht. In dem gewöhnlich entstellten Klavierpart von Schuberts »Ständchen« (»Schwanengesang«, Nr. 4) imitierte Schnabel den Klang der Laute, unter anderem, indem er kein Pedal gebrauchte.

Auch bei manchen Werken von Weber ist es so gut wie undenkbar, die orchestralen Klangassoziationen zu vermeiden, die die Musik nahelegt. Der erste Satz seiner d-Moll-Sonate ist so aufgebaut, daß man zwischen symphonischen und solistischen Passagen unterscheiden kann. In der »Auf-

---

1 Er war davon überzeugt, daß ein Komponist zuerst die Musik erfindet und erst dann an eine mögliche Orchestrierung denkt.

forderung zum Tanz« kann man abwechselnd Streicher- und Bläsergruppen hören. Das Anziehende dieses Werkes liegt jedoch gerade darin, daß man diese Tonfarben mit pianistischen Mitteln erzeugt; deshalb kann die Orchesterfassung des Stückes von Berlioz das Ohr nicht ganz befriedigen.

Bei den Werken bestimmter französischer Komponisten erliegen viele Pianisten der Versuchung, sich ausschließlich auf die Klangfarbe zu konzentrieren und andere wichtige Elemente der Musik zu vernachlässigen. Selbstverständlich spielt die Klangfarbe eine große Rolle in allen Werken Debussys, aber in erster Linie handelt es sich um Musik, mit allem, was dazugehört: Form, harmonische Struktur, Melodik und Rhythmik. Das Klavier kann Klangfarben nur durch Artikulation der einen oder anderen Art realisieren. Je tiefer der Interpret in die Phrasierung, den inneren Rhythmus und die Harmoniefolgen eindringt, desto reichhaltiger wird seine Farbenpalette. Frühere Generationen von Debussy-Spezialisten griffen gern auf vage und verschwommene Klangmassen zurück, mit dem Ergebnis, daß ein Stück wie das andere klang. Um aber den diesem Komponisten eigenen Tonfall zu treffen, muß man entschlossen und manchmal sogar »derb« spielen.

Der Pianist braucht nicht immer grelle Farben anzuwenden, aber selbst wenn er sich sozusagen mit einem neutralen Schwarzweiß begnügt, hängt die Schönheit des Klanges von der Schärfe und Klarheit der Linie ab. Sollte er jedoch viele Farben anwenden, müssen diese glänzen und funkeln wie Farben eines Spektrums, die eine Einheit bilden. Wechsel der Klangfarben sind auch eng mit dem Alternieren von subjektiver und objektiver Musik verbunden. Das Verhältnis von Melodik und Harmonik in jedem Stück beeinflußt ebenfalls das Klangbild. Wo Harmonie im Vordergrund steht, sind die Töne weniger voneinander abgetrennt, und die Farben verlaufen ineinander.

Das Klavier hat, vom linken Pedal abgesehen, keine Möglichkeit, das Timbre zu verändern. Alle Klangfärbungen werden indirekt erreicht. Dabei ist die Schattierung der Tonintensität eines der wertvollsten Mittel, deren sich ein Pianist bedienen kann. Das Schattieren wird nicht nur davon bestimmt, wie ein Ton anfängt, sondern unter anderem auch dadurch, wie er aufhört: Ein rasches Loslassen der Taste bewirkt gewöhnlich eine rückwirkende Steigerung der Intensität. Ganz falsch ist die Auffassung, man müsse alle Noten gleich intensiv anschlagen oder auch nur alles deutlich zu Gehör bringen. Im Gegenteil, um den musikalischen Inhalt verständlich zu machen, dürfen einzelne Töne oft nur als Farbe erscheinen. (Um Mißverständnissen vorzubeugen: Intensität des Tones hat nichts mit dem Druck auf die Tasten zu tun.)

Vom Pedal kann und soll man Gebrauch machen. Die gleichzeitige Vibration aller Saiten – nicht nur der angeschlagenen – verändert das Timbre. In der Durchführung der G-Dur-Sonate op. 79 schreibt Beethoven Pedal im Hinblick auf Klangfarbe vor. Die Stelle in Takt 67 ff. klingt, als ob sie von einem anderen Instrument käme als die eben gespielte Passage (Takt 59–65). Dafür gibt es verschiedene Gründe: 1. die Tonart hat sich verändert; 2. die Dynamik ist anders (*piano dolce* statt *forte*); 3. das *sforzato* auf dem zweiten Viertel in der linken Hand fehlt; 4. die linke Hand spielt jetzt *non legato* statt *staccato*; 5., vor allem, das Pedal wird durchgehalten.

Beispiel 188 a

Beispiel 188 b

Der übliche Gebrauch des Pedals bei *quasi-tremolo*-Stellen ist nicht immer korrekt. Manchmal klingen sie echter im *legatissimo* ohne Pedal.[1] Schnabel war überzeugt, daß dies auch Schuberts Absicht am Anfang der C-Dur-Fantasie für Violine und Klavier D. 934 entspricht (siehe oben Seite 122).

---

1 Schnabel brachte es fertig, diesen Effekt in Takt 14 ff. der »Waldstein«-Sonate zu erzielen.

Wo nach dem Willen des Komponisten mehrere Harmonien unter einem Pedal zu spielen sind (besonders bei Beethoven), müssen die Konturen zwar sanft abgerundet, aber doch deutlich artikuliert sein, so daß sie zu *einer* Klangfarbe verschmelzen. Das Problem der Klangfarbe am Anfang des letzten Satzes der »Waldstein«-Sonate kann man studieren, indem man nur die folgenden Harmonien spielt:

Beispiel 189

(Der Tonika-Akkord ist hier wichtiger; er wird von der Dominant-Harmonie nicht gelöscht.)

Das Seitenthema im Finale aus Beethovens G-Dur-Konzert wird, was die Klangfarbe betrifft, von den absteigenden Noten in der linken Hand bestimmt (Takt 6–8 unseres Beispiels):

Beispiel 190

Im Unterschied zu anderen Aspekten ist die Klangfarbe manchmal erheblich von der Akustik des Konzertsaales beeinflußt. Es wäre deshalb ein Fehler, wenn Lehrer, Schüler und Konzertpianisten genaues Pedalisieren für jedes Stück im voraus festlegen wollten. Man sollte genügend Spielraum einkalkulieren, um die unberechenbare Akustik eines Saales, eines Instruments oder beider zusammen zu berücksichtigen. Schnabel warnte deshalb vor Textausgaben, die ein für allemal den Pedalgebrauch für jeden Takt vorschreiben. Die meisten Pianisten wissen nicht genau, wie sie das »instrumentale« Pedal verwenden, und nach Schnabels Meinung ist das auch in Ordnung. Selbstverständlich ist das Pedal nicht dazu da, zufällige technische Unsicherheiten oder Lücken im Legato zu vertuschen. Schnabel war mit der Technik des Halbpedals und Viertelpedals vertraut, wie sie Karl Ulrich Schnabel in seinem Buch »Modern Technique of the Pedal«[1] beschreibt; in meiner Gegenwart hat er im Unterricht nicht davon gesprochen.

2. Klangproportionen

Die Klangproportionen hängen hauptsächlich von der musikalischen Form ab und können daher nicht allgemein vorherbestimmt werden. Wenige wissen, daß es Regeln und Gesetze gibt, die die jeweilige Lautstärke mehrerer gleichzeitig erklingender Noten bestimmen.[2] Nicht zufällig sind Melodien meistens in der Oberstimme zu finden, und Mittelstimmen sind nicht zufällig oft nur »Füllsel«, um Brahms zu zitieren. Sopran und Baß, in dieser Reihenfolge, sind wichtiger als alles übrige. Es kann aber auch Melodien im Tenor oder Oktavverdopplungen der Melodie oder der Harmonienoten geben. Aus diesem Grund sind die folgenden Regeln, die von Schnabel stammen, nur bedingt gültig.

1. Bei einem *vierstimmigen Akkord*, der in *enger* Position geschrieben ist, werden die Noten wie »Mitglieder einer Familie« gespielt, wobei die äußeren Noten mehr herauskommen als die inneren, mit einem leichten Übergewicht der Oberstimme über den Baß. Das Beispiel stammt aus dem ersten Satz der a-Moll-Sonate op. 42 von Schubert, Takt 103 f.:

Beispiel 191

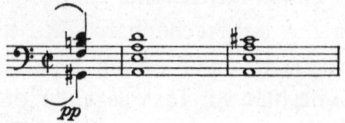

---

1 New York 1950.

2 Ich bin nicht sicher, ob Schnabel Tobias Matthays »Musical Interpretation« (London 1913) kannte; ein unsystematisches Buch, das aber einige dieser Fragen behandelt.

Wenn der Abstand zwischen den Noten sehr groß ist, bilden die inneren Stimmen eine Brücke zwischen den äußeren und gewinnen dabei klanglich an Bedeutung. Im Pianissimo wie im Fortissimo muß man besonders auf das Verhältnis der Oberstimme zu den anderen Stimmen achten. Das Ergebnis ist sonst ein Gesäusel im Pianissimo und Lärm im Fortissimo. Zu großer Vorsicht riet Schnabel besonders bei Schuberts »Wanderer«-Fantasie und den »Symphonischen Etüden« op. 13 von Schumann, weil hier über lange Strecken lautes Spiel erforderlich ist. Im allgemeinen gilt, daß selbst bei größter Fülle und stärkster Intensität des Tones, wie zum Beispiel am Anfang des fünften Klavierkonzerts von Beethoven, die Unterstimmen *mezzo forte* und die inneren Stimmen *mezzo piano* zu spielen sind. Was die Laien als harten Klang bezeichnen, wird im allgemeinen durch übertriebene Lautstärke in den obersten Tonlagen verursacht. Schnabel verglich einmal die beiden *sf*-Zeichen in Takt 4 des ersten Satzes von Beethovens »Pathétique« miteinander: Das erste spielt man gern zu hart und das zweite gern zu laut.

Auch bei streng polyphoner Musik gilt diese Klangverteilung. Um zwei gleich wichtige Stimmen hervorzuheben, darf man sie nicht gleich laut spielen. Bei einem zweistimmigen Stück muß die tiefere der beiden Stimmen immer leiser als die obere sein.

2. Bei *Oktavverdopplungen* muß der Pianist herausfinden, welche der beiden Stimmen die Hauptstimme ist und welche die Verdopplung. Normalerweise ist die obere Oktave die Hauptstimme und muß daher nicht nur lauter, sondern auch, wo Legato verlangt ist, mehr *legato* gespielt werden. Das gilt auch für Oktaven in der linken Hand trotz der Klangproportionen der natürlichen Obertonreihe, in der die tiefere Note viel lauter ist. Baßoktaven auf dem Klavier werden also wie Oktaven für Celli und Kontrabaß behandelt. Das bedeutet, daß die Legatotechnik in der rechten Hand hauptsächlich den vierten und fünften Finger betrifft, wogegen es in der linken Hand der Daumen ist, der vornehmlich für *legato* sorgen muß.

Der Unterschied in der Lautstärke zwischen der Haupt-
und der Verdopplungsstimme muß beträchtlich sein. Das wird
oft bei gewöhnlichen Tonleiterpassagen vernachlässigt, wie im
letzten Satz des Es-Dur-Konzerts von Beethoven (nach dem
Rondothema und in der Coda). In Beethovens Polonaise
op. 89 »läuft die untere Oktave einfach mit«:

Beispiel 192

In Ausnahmefällen kann die untere Oktave die Führung über-
nehmen – besonders in langsamer, ausdrucksvoller Musik, wie
im Mittelteil des Largos aus Beethovens D-Dur-Sonate op. 10
Nr. 3:

Beispiel 193

und in der Romanze op. 118 Nr. 5 von Brahms:

Beispiel 194

Manchmal kann man durch einen Blick auf den Anfang und
den Schluß dieser Stellen erkennen, welche der beiden Stim-

men mit der vorausgehenden oder nachfolgenden Melodie-
stimme verbunden ist. Darüber hinaus macht Brahms in unserem Beispiel seine Absicht dadurch kenntlich, daß er die
Phrasierungsbögen in Takt 2 und 3 nur für die Unterstimme
zieht.

Wenn eine Melodie in drei oder vier Oktaven gleichzeitig
gespielt wird, wie zum Beispiel in der Durchführung des
Es-Dur-Klavierkonzerts von Beethoven, ist die Oberstimme
normalerweise die führende, und die anderen vervielfachen
nur. Wenn die Oberstimme gleichzeitig durch untere Terzen
und untere Oktaven begleitet wird, sind die *beiden* oberen
Stimmen lauter zu spielen als die untere Oktave, da sie eine
Klangeinheit ähnlich der von Vokalduetten darstellen:

Beispiel 195 a

Ein gutes Beispiel finden wir in Takt 3 des ersten Satzes aus
dem zweiten Klavierkonzert von Brahms (siehe Beispiel 176).
Diese Regel gilt auch dann, wenn eine zusätzliche Note hinzukommt, wie im Akkord fünf Takte vor dem Ende im letzten
Satz von Beethovens As-Dur-Sonate op. 110; die beiden oberen Stimmen in der rechten Hand müssen hier als Klangeinheit die beiden unteren übertönen.

Wenn die Oberstimme sowohl durch die darunterliegende
Oktave als die untere Sexte verdoppelt wird, wie so oft bei
Brahms, müssen beide, obwohl gleich laut, leiser als die Ober-
stimme sein:

Beispiel 195 b

3. Einfache *Terzen* und *Sexten* ohne Oktavverdopplungen folgen der allgemeinen Regel, daß im Diskant meist die obere
und im Baß meistens die tiefere Stimme führt. Beides findet
man in Takt 4–8 der Bagatelle op. 126 Nr. 1 von Beethoven:

Beispiel 196

4. *Triller* sind Schwingungen der Hauptnote; da sie aber überwiegend ein technisches Problem darstellen, verlegen wir ihre
Besprechung auf das nächste Kapitel.

5. *Grundtöne* eines Akkords – besonders bei Dreiklängen und
Septakkorden – sind auch dann von Bedeutung, wenn sie in
inneren Stimmen erscheinen, besonders wenn sie als gemein-
same Note eine melodische Verbindung zwischen zwei Akkorden herstellen. Siehe Takt 12 ff. der Einleitung von Beethovens Sonate »Les Adieux« op. 81a:

Beispiel 197

Das B in der linken Hand soll diskret unterstrichen werden,
wie von einem Horn gespielt. Andere Beispiele findet man im
Trio des »Moment musical« op. 94 Nr. 6 von Schubert:

Beispiel 198

im »Erzherzog«-Trio op. 97 von Beethoven im zweiten Teil des Variationsthemas sowie in Variation XXIII der c-Moll-Variationen WoO 80.

6. Wo die Melodie im Verhältnis zur Begleitung relativ hoch liegt und die Begleitakkorde eng zusammenliegen, muß, wie im langsamen Satz des C-Dur-Klavierkonzerts KV 467 von Mozart, die linke Hand sehr leise gespielt werden. Im Unterbewußtsein stellt der Zuhörer mit seinem inneren Ohr normale Akkordfolgen her. Eine bloße Andeutung genügt daher, es sei denn, es handelt sich um recht ungewöhnliche Harmonien. Die Situation liegt nur dann anders, wenn die Harmonien unerwartet sind, wenn die linke Hand eine unabhängige melodische Stimmführung hat und nicht nur aus Akkorden und Albertibässen besteht oder wenn der Rhythmus der Begleitung von dem des Rests verschieden ist. Die einzelnen musikalischen Ereignisse in den Unterstimmen können in solchen Fällen hervorgehoben werden, nicht nur durch Artikulation, sondern auch durch den diskreten Gebrauch von Dynamik. Falls in einer langsamen Melodie die linke und die rechte Hand sehr weit voneinander entfernt sind (zwei Oktaven oder mehr), so gilt die Regel, nach der die inneren Stimmen leiser zu spielen sind, nicht mehr. Ganz im Gegenteil: Eine kleine Gewichtsverlagerung auf die oberen Noten der linken und die unteren Noten der rechten Hand hilft oft, die verschiedenen Register besser miteinander zu verbinden.

7. Zu dem gleichen Zweck verfährt man ähnlich mit *Arpeggios.* Wenn sich ein Arpeggio über einen ausgedehnten Teil der Tastatur erstreckt, wie gelegentlich in der »Chromatischen Fantasie« von Bach und im einleitenden B-Dur-Akkord des langsamen Satzes der d-Moll-Sonate op. 31 Nr. 2 von Beethoven:

Beispiel 199

empfahl Schnabel ein Crescendo in Richtung Akkordmitte und ein Diminuendo von dort zum anderen Ende. Das gilt für Arpeggios in beiden Richtungen. Die Regel für Arpeggios ist also der Regel für gleichzeitig angeschlagene Akkorde genau entgegengesetzt. Wenn das Arpeggio in ein einziges Register fällt, wie in Takt 9 des ersten Satzes der E-Dur-Sonate op. 109 von Beethoven, ist es möglich, diese Regel zu umgehen und ein durchgehendes Crescendo von unten nach oben zu spielen. Auf diese Weise ist man immer in der Lage, die dynamischen Bezeichnungen in gebrochenen Akkorden so auszuführen, daß sie mit den hier dargelegten Prinzipien in Einklang stehen. Man denke auch an Chopins Etüde in c-Moll op. 25 Nr. 12 oder an das Trio des dritten Satzes der Es-Dur-Sonate op. 7 von Beethoven, wo nach Schnabels Auslegung das *fortissimo*, obwohl es nur für die erste Note geschrieben ist, für die ersten drei Noten in jedem so bezeichneten Takt gilt:

Beispiel 200

Die rhythmische Bedeutung von Beethovens Bezeichnung wird genügend zum Ausdruck gebracht, wenn man die Baßnote in der linken Hand betont.

Gebrochene Terzen, Sexten und Oktaven in der Oberstimme werden wie ungebrochene behandelt; das bedeutet, daß man die obere Terz, Oktave usw. lauter als die untere spielen muß, obwohl sie gewöhnlich zwischen die Schwerpunkte fällt. Siehe den letzten Satz von Mozarts Klavierkonzert in C-Dur KV 467:

Beispiel 201

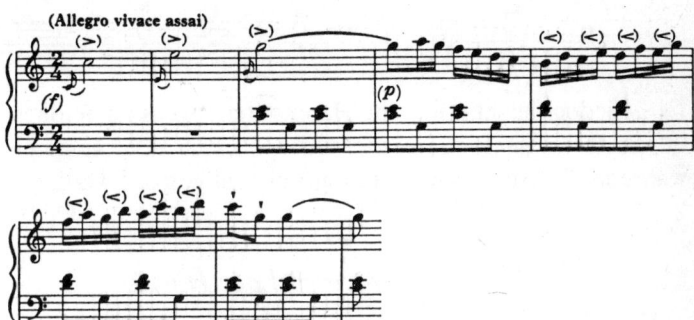

und das erste Impromptu in As-Dur op. 29 von Chopin:

Beispiel 202

Ganz am Anfang von Schumanns g-Moll-Sonate op. 22 spielt die linke Hand einen zerlegten g-Moll-Akkord. Obwohl der Schwerpunkt auf d' fällt, muß diese Note leiser als das b', das an der Spitze ist, gespielt werden:

Beispiel 203

8. In *Figurationen*, die aus Tonleitern und Akkorden bestehen, müssen die Harmonienoten deutlich in ihrer harmonischen Funktion gehört werden. Im ersten Satz von Mozarts Klavierkonzert in d-Moll KV 466, Takt 98, sollte der Pianist nicht wie in Beispiel 204 a, sondern wie in Beispiel 204 b spielen:

Beispiel 204 a, 204 b

Es ist jedoch nicht nötig, die Hauptnoten eigens zu betonen, da die Harmonietöne in jeder Gruppe zweimal vorkommen, während die Durchgangsnoten nur einmal gespielt werden.

3. Das Zusammenspiel der Hände

Schnabel war absolut dagegen, die linke Hand vor der rechten anzuschlagen, eine schlechte Gewohnheit, die vor seiner Zeit gebräuchlich war. Er sagte einmal im Scherz, daß Beethoven das Anfangsthema der G-Dur-Sonate op. 31 Nr. 1 wohl als Etüde gegen diesen Fehler erfunden habe. Normalerweise vermied er es auch, in Akkorden der linken Hand die unteren Noten vor den oberen anzuschlagen. Es gab aber Fälle, wo seine Hand oder die eines Schülers oder einer Schülerin zu klein war, als daß sie alle Noten eines Akkordes hätte gleichzeitig spielen können, wie der Notentext es verlangte. In solchen Fällen, die bei Schumann oft vorkommen, empfahl Schnabel den Schülern, die tiefste Note mit den Noten der rechten Hand zusammen auf dem Schwerpunkt zu spielen und die obere(n) Note(n) der linken Hand sehr leise und unauffällig so schnell wie möglich danach. Siehe »Symphonische Etüden« op. 13 von Schumann, Takt 6:

Beispiel 205 a

Mit anderen Worten, er wollte keine gerollten Akkorde wie in echten Arpeggios. Der Zuhörer sollte sich einbilden, alle Noten gleichzeitig gehört zu haben, während in Wirklichkeit das e in der linken Hand einen Augenblick später als die anderen Noten gespielt wird.

Beispiel 205 b

Mit Hilfe dieser Spielweise konnte Schnabel eine Unterscheidung treffen zwischen echten Arpeggios, die als solche bezeichnet sind (entweder eine Hand nach der anderen oder beide Hände gleichzeitig), und Arpeggios, die eine Notlösung für Pianisten mit begrenzter Reichweite der Hand darstellen.

4. Das Vermeiden von Klanghärten und Klanglücken

Es wurde bereits erwähnt, daß eine klangliche Härte dann entsteht, wenn ein Ton im oberen Register übermäßig laut gespielt wird. Wenn hohe Noten sich mit tiefen in der gleichen Stimme abwechseln, soll man die tiefen voll und klar spielen, um den Registerwechsel zu neutralisieren und das Klangbild auszugleichen. Dies trifft auf die melodischen Sprünge am Ende des zweiten Satzes von Beethovens E-Dur-Sonate op. 14 Nr. 1 zu sowie auf das Thema des langsamen Satzes des A-Dur-Klavierkonzerts KV 488 von Mozart; siehe auch Takt 16 von Variation IV des zweiten Satzes aus Beethovens c-Moll-Sonate op. 111. Schnabel fand Pedalgebrauch unerläßlich, um bei all diesen Stellen Lücken in der Melodie zu neutralisieren. Beim Spiel ohne Dämpfer ist der Obertoninhalt des Klanges nämlich reicher, was hilft, den Registerwechsel zu überbrücken. In Takt 153 des ersten Klavierkonzerts von Brahms

müssen jeweils das dritte und vierte Achtel jeder Gruppe etwas stärker als das erste und zweite gespielt werden, sonst
klingen letztere hart.

Vereinzelte Staccatonoten müssen genügend lange ausgehalten werden, damit der melodische und harmonische Zusammenhang mit den sie umgebenden Noten klar wird. Am
Thema der g-Moll-Fuge aus Teil II des »Wohltemperierten
Klaviers« kann man das gut studieren. Schnabel war sehr
streng mit seiner Kritik an Schülern, wenn sie den musikalischen, besonders aber den melodischen Zusammenhang durch
übertriebenes Staccato verloren. Für sie, so beklagte er sich,
»hört die Musik dort auf, wo das Staccato anfängt«. In Bachs
Werken war für ihn überhaupt nur die richtige Artikulationsweise von Bedeutung. Manchmal spielte er aus dem »Wohltemperierten Klavier« eine bestimmte Stelle eines Präludiums
oder einer Fuge einmal *legato*, dann *non legato* und schließlich
staccato, jedesmal so, daß die Artikulation in allen drei Ver-
sionen gleich klar blieb. Damit wollte er demonstrieren, daß
es bei den Werken Bachs oft nicht auf die Art des Anschlags,
sondern auf die richtige Deklamation und Gruppierung
ankommt (siehe Seite 34).

Wenn eine Melodienote sofort wiederholt wird, wie im
»Moment musical« in As-Dur op. 94 Nr. 2 von Schubert,
sollte das auftaktige Sechzehntel deutlich genug artikuliert
werden, so daß ein unschöner Klang vermieden wird:

Beispiel 207 a   Beispiel 207 b

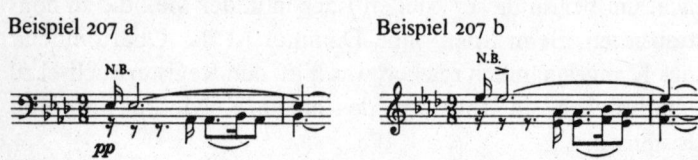

Der Akzent in Beispiel 207 b verändert die Musik nicht: der Registerwechsel erfordert ihn.

Zum Abschluß sei noch erwähnt, daß Schnabel den ihm eigenen Klang, wenn extreme Tempi und Dynamik vorgeschrieben waren, nur erreichte, weil er die Technik von Überraschungseffekten meisterhaft beherrschte. Manchmal drückte er das im Unterricht so aus, daß eine schnelle, brillante Passage nur dann als solche erkannt wird, wenn sie sich überraschend, ohne Vorwarnung an eine leise, langsame Passage anschließt (wie oft bei Chopin). Auch wenn er den Anfang von Klavierwerken lehrte, konzentrierte er sich häufig auf das Überraschungsmoment. Die Überraschung kann aus sofortigem schnellen Tempo bestehen (wie in Beethovens Sonaten in C-Dur op. 2 Nr. 3, in G-Dur op. 79, in B-Dur op. 22 und in D-Dur op. 102 Nr. 2 für Cello und Klavier) oder aus einem unerwartet langsamen Tempo (wie in den Adagio-Sätzen der Sonate in Es-Dur op. 27 Nr. 1 und der »Waldstein«-Sonate). Schnabels extreme Konzentrationsfähigkeit schon bei den allerersten Takten, wo auch der Zuhörer am meisten konzentriert ist, führte immer zu Überraschungen.

Schnabel spielte nie so, wie es die Zuhörer erwarteten; vielmehr erlebten Laien und Musiker in gleichem Maße die Musik mit großer Intensität, weil er die tiefsten Schichten jeder Komposition in neues Licht rückte. Diese Haltung schloß gewöhnlich den Gebrauch von mittleren Tempi oder mittlerer Dynamik aus.

Wie schon gesagt, war es nicht erlaubt, Überraschungsmomente künstlich zu erzwingen, da Schnabel davon überzeugt war, daß große Musikwerke zumindest die Möglichkeit echter Überraschung in sich bargen. Wenn Schnabel zum Beispiel das Tempo viel langsamer wählte, als irgend jemand erwarten konnte, gefährdete er dadurch niemals den Gesamtcharakter einer Aufführung, da er nicht nur jedes Stück als Einheit betrachtete, sondern auch imstande war, trotz aller Kontraste ein kontinuierliches Klangbild zu erzeugen. Ich habe vom Überraschungselement an dieser Stelle gesprochen, da dessen prägender Einfluß sich beim Klang besonders bemerkbar macht. Dieses Element erklärt auch manche von Schnabels Phrasierungseigenarten, seine Art, Melodien metrisch zu gruppieren und Crescendi so anzulegen, daß sie über schwache Taktteile hinweggehen. Das Verlangen, sich und den Zuhörer immer wieder zu überraschen, gab Schnabel lebendige und gültige Impulse in seinem Bestreben um größtmögliche »Plastik der Struktur und Artikulation«.

XII
Technik

Wie in Kapitel II auseinandergesetzt wurde, sah Schnabel
Technik als Mittel zum Zweck an. Ungewöhnliche Körperbewegungen, Fingersätze und Hand- und Fingerstellungen fallen, wo immer sie als Mittel zum Zweck Verwendung finden,
in den Bereich der Technik. Während nach der herkömm-
lichen Konservatoriumseinstellung gewisse Spielweisen
schlechthin als verboten gelten, gibt es dergleichen in Wirklichkeit nicht. Meisterwerke der Musik unterscheiden sich von
akademischen Kompositionen dadurch, daß sie keineswegs
immer alle Regeln befolgen. Man kann unmöglich alle Probleme – die technischen eingeschlossen – dadurch lösen, daß
man den akademischen Regeln folgt. Fingersätze, die man
nicht in Erwägung ziehen darf, Handstellungen, die man nicht
einnehmen, und Anschlagsarten, die man nicht anwenden
darf, gibt es nicht. Es gibt nur Fingersätze, die weniger gebräuchlich sind, Handstellungen, die nur selten nötig, und Anschlagsarten, die nur in Ausnahmefällen erforderlich sind.
Wenn manche Aspekte der Technik außergewöhnlich erscheinen, so hat das seinen Grund darin, daß sie eben in der Mehr-
heit der Fälle den musikalischen Zweck nicht erfüllen, und
zwar gewöhnlich deswegen, weil sie der natürlichen Anatomie
und den mechanischen Bewegungsgesetzen widersprechen.
Aber in seltenen Fällen können solche Mittel nicht nur wir-
kungsvoll sein, sondern sogar notwendig werden, um eine
bestimmte musikalische Vorstellung zu realisieren. Je unge-
wöhnlicher das Werk ist, desto häufiger muß man sich unge-
wöhnlicher technischer Mittel bedienen. Diese Haltung
erklärt unter anderem auch Schnabels eigene Fingersätze in
seiner Ausgabe der Beethoven-Sonaten, besonders die der
späten Sonaten.

Schnabel machte ausdrücklich zur Voraussetzung, daß ein
Student seine Fingertechnik auf ein professionelles Niveau gebracht hatte, bevor er ihn zum Unterricht zuließ. Er selbst

offerierte daher kein eigenes System der Klaviertechnik. Er machte jedoch persönliche Vorschläge zur Lösung von allgemeinen technischen Problemen oder solchen, die bei der Vorbereitung der Studenten auftraten; etwa die Triller am Ende von Beethovens Sonate in c-Moll op. 111 und die Sprünge in der Coda zum zweiten Satz der Schumann-Fantasie op. 17 und so weiter. Auch zu äußerlichen Aspekten des Auftretens gab er Ratschläge, zum Beispiel, daß man eher niedrig als hoch sitzen solle, daß man kalte Hände in kaltem und nicht warmem Wasser waschen solle und so weiter.

Schnabel sprach oft davon, daß Musik »beredt« sein solle. Es ist anzunehmen, daß seine Frau, die Liedersängerin Therese Schnabel, die er viele Jahre lang am Klavier begleitete, seine Neigung zu Sprechrhythmen beim Vortrag von Melodien und Passagen noch verstärkte. Im gleichen Zusammenhang betrachtete er die physische Tätigkeit des Klavierspielens als eine der Rhetorik verwandte Geste. Wie schon erwähnt, sprach er vom Klavierspielen als nach oben und nach vorn gerichtet, im Gegensatz zu allen Abwärtsbewegungen, wie sie unvermeidlich sind, wenn man Finger, Hände oder Arme auf die Tasten wirft. Bei einem Gespräch, das ich 1951 mit ihm führte, verglich er seine eigene Spielweise mit der bestimmter bekannter Virtuosen. Statt vorgebeugt am Klavier zu sitzen und die Finger über die Tasten zu halten, zog er es vor, relativ weit zurück zu sitzen, wobei die Hand die Tasten durch ein Vorwärtsstrecken des Arms von unten erreichte. Der übliche Fingeranschlag wurde dadurch ausgeschaltet.[1] Die Taste ging dadurch nieder, daß der ganze Arm geringfügig angehoben wurde, während die Fingerspitze schon vorher auf der Tastenoberfläche ruhte. Dies, versicherte er, gebe ihm mehr unmittelbare Kontrolle und ermögliche es ihm, mit solcher Lockerheit zu spielen, daß er auf spontane Weise rhythmisch frei deklamieren könne. Die umgekehrte Anschlagsart,

---

1 Dennoch sprach er manchmal von der »Notwendigkeit für Stahl-Finger« an besonderen Stellen wie der cis-Moll-Passage Takt 216–229 in der Durchführung des ersten Satzes aus dem G-Dur-Klavierkonzert von Beethoven.

so behauptete er, mache es nur möglich, genauso zu spielen, wie man geübt habe.

Schnabel hatte seit seiner frühesten Jugend eine Fingertechnik von großer Leichtigkeit und Sicherheit und konnte nicht recht verstehen, daß technisch weniger perfekte Schüler sich durch seine Einstellung leicht verwirren ließen. Manche stießen, zumindest anfangs, den steifen Arm vor, hoben dabei das Handgelenk und machten damit Fingerkontrolle unmöglich. Schnabel betonte, daß vollkommene physische Entspannung, auch der Nacken- und Schulterpartie, eine grundlegende Voraussetzung für den Erfolg seiner Technik war.[1] Er empfahl den Schülern, diese Lockerheit durch genaues und detailliertes Zuhören zu erreichen, und übte selbst zum Beispiel volle Akkorde, indem er jeder einzelnen Note im Verhältnis zu den anderen zuhörte. Auf diese Weise konnte er Akkorde ohne jegliche Verkrampfung der Muskeln spielen, und zwar mit »Schulterbeteiligung« (wie Breithaupt ihm einmal nach einem Konzert begeistert versicherte, zu Schnabels größtem Erstaunen, denn er war sich dessen damals durchaus nicht bewußt).

Ganz im Einklang mit seiner Theorie sprach Schnabel nicht vom Fall des Gewichts auf die Taste, sondern von einer Übertragung des Gewichts nach vorn. Er demonstrierte das einmal, indem er die Hände flach auf die Knie legte und die Finger durch ein Vorwärtsschieben der Ellbogen an den Fingergelenken abbog, so daß sie das Gewicht des Arms trugen. Das Spiel mit dieser Gewichtsverteilung nannte er gern »freien Gang auf festem Grund«. Im allgemeinen lehnte er aber die isolierte Behandlung des Physiologischen ab, wie er überhaupt dagegen war, die einzelnen Elemente des Musizierens voneinander zu trennen. Aus demselben Grund billigte er auch die rhythmischen Klatsch- und Klopfübungen von Dalcroze nicht, weil sie ein Element künstlich herauslösten. »Ich selbst kann diese Übungen nicht ausführen«, sagte er, »obwohl ich komplizierte polymetrische Figuren spielen kann; ich muß die Tonhöhe immer hören.« Er glaubte fest daran, daß eine klare Vorstel-

1 Siehe Kapitel II, Seite 28.

lung vom musikalischen Ziel den Interpreten mit dem nötigen Rüstzeug versehen würde, dieses Ziel auch zu erreichen.

Seine Übungsmethode stützte sich auf das Experiment, nicht auf Drill. Mit dem üblichen Rezept, schnelle Passagen langsam zu üben, war er nicht einverstanden; er war auch dagegen, jede Hand für sich zu üben, und den alten Trick, gleichmäßige Sechzehntel in punktierten Rhythmen verschiedener Art zu spielen, lehnte er ebenfalls ab. Etüden bezeichnete er als Zeitverschwendung und meinte dazu: »Sie sind zu leicht, weil sich das gleiche Problem immer wiederholt, wogegen in einem Mozart-Konzert die verschiedensten technischen Schwierigkeiten innerhalb eines einzigen Taktes auftauchen können und man meistens nur *eine* Möglichkeit hat, einem Problem beizukommen.« Bei dieser Bemerkung hatte er folgende Passage aus Takt 169 des ersten Satzes aus Mozarts C-Dur-Klavierkonzert KV 467 im Sinn:

Beispiel 208

Statt Etüden zu lernen, empfahl er, technische Probleme sequenzartig zu wiederholen und, wenn nötig, eigene Etüden zu erfinden.

Seine eigenen Übungsstunden widmete er der Ausarbeitung der genauen Artikulationsweise eines Stückes. Hunderte von Malen überarbeitete er eine Phrase, um den Fingersatz, die Handstellung, die Finger- und Armbewegungen aufzuspüren, die es ihm ermöglichten, die innerlich gehörten Nuancen von Melodie, Rhythmus und Harmonie möglichst vollkommen Wirklichkeit werden zu lassen.

Schnabel gab seinen Schülern folgende Definition des Begriffs »Üben«: »Den Tag mit Geduld und Heiterkeit am Klavier verbringen.« Und meines Wissens tat er das selbst sein ganzes Leben lang. Er meinte es ganz ehrlich, wenn er sagte, daß seine gelegentliche Nervosität hauptsächlich daher rührte, daß die Musik dem Interpreten manchmal mehr abverlangt, als er im Augenblick oder überhaupt jemals geben kann.

Von allen Aspekten der Artikulation war es die melodische Artikulation, die »beredte« Deklamation, die für seine technischen Übungen wichtig wurde und im Brennpunkt seiner Aufmerksamkeit stand. Bei allen Figurationen, besonders aber bei denen der Klavierkonzerte Mozarts, gruppierte er die Noten im voraus im Kopf je nach ihrer Auf- oder Abwärtsrichtung; dabei schritt er von Note zu Note weiter, ohne jedoch die große musikalische Linie aus dem Blickfeld zu verlieren.

Beispiel 209 a

Das obenstehende Beispiel aus dem ersten Satz des Klavierkonzerts in G-Dur KV 453 von Mozart (Takt 153 f.) wurde zu Übungszwecken folgendermaßen analysiert:

Beispiel 209 b

Dadurch wird die jeweilige Melodielinie klar:

Beispiel 209 c

Siehe auch Takt 74 (erster Einsatz des Klaviers).

Dieses Prinzip läßt sich ebensogut auf langsame Passagen anwenden (Mittelteile der langsamen Sätze aus den Mozart-Sonaten in G-Dur KV 283 und D-Dur KV 576).

Schnabel, der langsame Stellen, darunter auch Albertibässe, mit der gleichen Sorgfalt übte wie die sogenannten »Virtuoso«-Stellen, hatte wenig Geduld mit Schülern, die nur an den »schwierigen« Stellen arbeiteten.[1]

---

1 Siehe Seite 24.

Wir haben gesehen, daß Schnabel sich mit melodischen Richtungswechseln innerhalb einer Passage befaßte und dabei dem technischen Problem des vierten Fingers nach dem fünften bei Tonleiterumkehrungen einige Aufmerksamkeit schenkte. Wenn er selbst chromatische und diatonische Tonleitern spielte (wie zum Beispiel im G-Dur-Klavierkonzert von Beethoven), liefen sie glissandoartig ab und hatten gleichzeitig eine adagioartige melodische Qualität. Er fand es unerträglich, »Tonleitern mit Mottenlöchern« anhören zu müssen. In Passagen wie den Tonleitern in der »Aufforderung zum Tanz« von Weber, in Schuberts Impromptus in Es-Dur op. 90 Nr. 2 und B-Dur op. 142 Nr. 3 (letzte Variation), im Lauf in der linken Hand am Anfang des letzten Satzes von Beethovens Sonate in G-Dur op. 14 Nr. 2 sowie in den zerlegten Terzen und Oktaven der Mozart-Konzerte dachte Schnabel in Phrasenzusammenhängen und nicht in Einzelnoten. Bei der Aufführung hörte er jede Note als Teil einer größeren Einheit und nicht als individuellen Klang. Gleichermaßen führte er Arpeggios als zerlegte Akkorde aus wie zum Beispiel die am Anfang des Scherzos der f-Moll-Sonate op. 5 von Brahms. Er war davon überzeugt, daß der zusammenhängende Klang nicht mit dem gewöhnlichen hammerartigen Fingeranschlag von oben zu erreichen war, sondern nur auf seine Art: von unten und nach vorn. Nur so konnte er mit Hilfe seines lockeren und beweglichen Ellbogens die nötigen seitlichen Bewegungen ausführen. Wie schnell Schnabel auch immer spielte, die Musik kam ihm langsam vor, weil er in großen Einheiten dachte; überhaupt empfahl er bei schnellen Passagen immer: »Langsam spielen, schnell klingen« – ein psychologischer Trick mit erstaunlicher Wirkung.

Schnabel war davon überzeugt, daß der Weg zum polyphonen Spiel nur über polyphones Hören führte. Unabhängigkeit der Finger war ihm selbstverständlich,[1] und so riet er seinen

---

1 Er war sich jedoch im klaren darüber, daß die unterschiedlichen Kräfteverhältnisse der Finger problematisch werden können; halb im Spaß schlug er vor, daß man polyphone Musik mit gekreuzten Händen spielen solle, damit die kräftigsten Finger auf die äußeren Stimmen träfen.

Schülern, in polyphonen Stücken zuerst jede Stimme einzeln als Melodie zu studieren, damit sie später im Gesamtbild durch klare Artikulation deutlich wahrgenommen werden könne, ganz gleich, wo sie lag. Danach mußte der Interpret eine »Hierarchie« der einzelnen Stimmen aufstellen. Manchmal sagte Schnabel ungeduldig: »Wenn Sie nicht in mehreren Stimmen gleichzeitig denken können, satteln Sie lieber auf Klarinette um.« Er gab aber zu, daß man diese Fähigkeiten ausbilden könne. Zum Beispiel empfahl er seinen Schülern, drei Stimmen einer vierstimmigen Fuge zu spielen und die vierte zu singen, das gleiche nach und nach mit allen Stimmen zu tun und am Schluß den vollen vierstimmigen Satz viermal so zu spielen, daß man sich jedesmal auf eine andere Stimme konzentriert. Er hatte hier, wie überall sonst, Einwände gegen das separate Üben der Hände, da die inneren Stimmen meistens zwischen beiden Händen aufgeteilt sind und deren deutliche Artikulation eines der Hauptziele der polyphonen Musik ist.[1] Schnabel empfahl auch, Streichquartette mit der Partitur anzuhören und dabei besonders die Stimmen der zweiten Violine und der Viola horizontal zu verfolgen: für ihn war das ein Teil des technischen Studiums.

Seine Beherrschung des polyphonen Spiels ermöglichte es Schnabel, die vielen Passagen im Streichquartett-Satz, die man in Schuberts Klaviermusik findet, deutlich zu Gehör zu bringen; siehe zum Beispiel die H-Dur-Sonate D. 575, erster Satz, Ende der Exposition, und dritter Satz, Takt 19 ff.:

Beispiel 210 a

1 Es gibt Fälle in linearer Musik, wo Schnabel die Musik beider Hände in einer einzigen Hand üben ließ, zum Beispiel den Anfang der Variation II aus dem letzten Satz der E-Dur-Sonate op. 109 von Beethoven.

Er erwartete vom Interpreten, daß dieser die »Bratschenstimme« deutlich, wenn auch delikat, unter den Stimmen der rechten Hand heraushörte:

Beispiel 210 b

Er schlug einmal folgende Fünf-Finger-Übung vor, in der alle fünf Finger zusammen gespielt werden und jeweils nur eine der fünf Noten betont wird, so daß eine Legatomelodie mit beispielsweise den Noten C-D-E-F-G-E-F-D-C oder »Hänschen klein« entsteht:

Beispiel 211

Jede Hand einzeln; umrahmte Fingersatzziffern betont

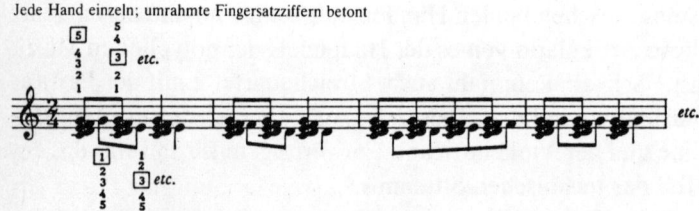

Schnabels Triller waren etwas ganz Besonderes, und er wurde oft gefragt, wie er sie zustandebrächte. Manchmal sprach er von Körperbewegungen, wie von einem hochgehaltenen Arm, von lockeren Fingern und ausreichender Festigkeit von Handgelenk und Ellbogen, damit ein Schütteln des Oberarms möglich war. Oder er sprach von der Notwendigkeit, möglichst nicht benachbarte Finger zu gebrauchen. Die gleichen technischen Prinzipien wandte er auch bei Oktavwiederholungen (wie zum Beispiel in Schuberts »Erlkönig«) oder bei Tremolos an. Im wesentlichen waren Triller für Schnabel das, was sie beim Singen sind, nämlich das Vibrieren einer einzigen Note. Gewöhnlich handelte es sich dabei um die untere Trillernote, und Schnabel konzentrierte sich eher auf ihre schnelle Tonrepetition als auf die Wechselwirkung der beiden Noten. Dadurch folgten diese zwar in gleichmäßigem Abstand aufeinander, waren aber im Ton verschieden, da die Nebennote immer leiser als die Hauptnote war.[1] Alle Triller wurden so rasch wie möglich gespielt, so daß sie wirklich nur einem Vibrieren entsprachen. Ein Akzent auf der ersten Note wurde vermieden, um die Bewegung sofort in Gang zu bringen. Solche Triller hatten eine fast »transzendentale Kraft«, wenn sie an einer strukturell wichtigen Stelle vorkamen, wie zum Beispiel am Ende von Beethovens Sonate in c-Moll op. 111 oder am Ende des langsamen Satzes des ersten Brahms-Konzerts.

Für Schnabel war das Vermeiden von falschen Tönen die letzte Stufe beim Erlernen eines neuen Stückes. Trotzdem ging er technische Probleme sehr sorgfältig an. Wie seine Ausgaben zeigen, verbrachte er viel Zeit damit, geeignete Fingersätze zu suchen. Oft sprach er von »Handsätzen« statt Fingersätzen, weil er hauptsächlich daran dachte, in welcher Position die Hände liegen. Die Fingersätze, die er ausarbeitete, dienten nicht nur dem musikalischen Inhalt, sondern auch der technischen Sicherheit, weil sie es erlaubten, die Hand in einer natürlichen Position zu bewegen. So spielte er oft benachbarte Noten mit Fingern, die nicht nebeneinander liegen, besonders mit dem dritten und fünften, wobei er den vierten ausließ. Dadurch konnte er den fünften Finger völlig ausstrecken, das heißt so weit nach vorn wie möglich, als ob er das Innere des Klavierdeckels kratzen wollte.[2] Er machte sich über die traditionelle Lehrmethode lustig (der er selbst als Kind unterworfen gewesen war), in der ein Geldstück auf den Handrücken gelegt wurde, das während des Spielens nicht herunterfallen durfte. Er empfahl genau das Gegenteil: man solle der Hand

---

1 Das heißt, daß Trillertechnik verschieden für die beiden Hände ist; denn in der linken Hand wird die Hauptnote mit dem äußeren, in der rechten Hand aber mit dem inneren Finger angeschlagen. Schnabel trug dem Rechnung durch angemessene Gewichtsverteilung.

2 In dem schon beschriebenen Interview mit James F. Cooke (siehe Kapitel II) beschrieb Schnabel, wie er das Handgelenk nach innen oder außen bog, um die Kürze von Daumen und Zeigefinger auszugleichen. Ich selber habe ihn nie davon im Unterricht sprechen hören.

dreidimensionale Bewegungsfreiheit erlauben. Maßgebend war nur, daß man ein unverkrampftes Gefühl beim Spielen hatte, gleichgültig, ob die Finger dabei auf natürliche Weise gekrümmt oder ausgestreckt waren, wie es eben den augenblicklichen musikalischen und technischen Forderungen entsprach. Schnabel konnte sich auf diese Weise sofort auf einen Wechsel in der Dynamik einstellen, ohne die Handstellung und den Bewegungsablauf sichtlich zu verändern. Dies hatte eine erstaunliche Wirkung bei einem plötzlichen Fortissimo, und Schnabel erzielte diesen Überraschungseffekt, ohne die fortlaufende gleichmäßige Klangqualität zu unterbrechen, zum Beispiel im Mittelteil des es-Moll-Intermezzos op. 118 Nr. 6 von Brahms, Takt 47 ff. Er erreichte seine Bewegungsfreiheit dadurch, daß er immer nahe an den Tasten blieb. Es schien, als ob die Tasten eine magische Anziehungskraft auf seine Fingerspitzen ausübten, gleichgültig wie er die Hände hielt, und der Zuschauer hatte den Eindruck, daß die Hände die Tasten bedeckten und beschützten.

Die Tatsache, daß er bei Konzerten und sogar bei Schallplattenaufnahmen[1] falsche Noten nicht vermeiden konnte, spricht nicht gegen seine Technik, sondern ist darauf zurückzuführen, daß er sich ausschließlich auf die Musik konzentrierte. Niemals gestattete er sich, irgendein Detail der Artikulation oder des Ausdrucks einer Spielweise zu opfern, die nur auf Sicherheit bedacht war. Er machte sich oft über jene Pianisten lustig, die mit einem »Not-Maestoso« ihre technische Unsicherheit verdeckten (zum Beispiel am Ende des Capriccios op. 116 Nr. 1 von Brahms) und auf Kosten des musikalischen Schwungs richtige Noten zu treffen hofften.

---

1 Sie sind alle vor der Verwendung von Schnittechniken entstanden.

Anhang
Schnabels Klavierstunden

Schnabel gab nur in Ausnahmefällen Privatstunden. Normalerweise waren einige oder sogar die meisten seiner Schüler dabei anwesend; da er sich mit seinen Bemerkungen nur an den Schüler richtete, der gerade Stunde hatte, ignorierte er die anderen geflissentlich. Für die Länge einer Unterrichtsstunde gab es keine vorbestimmte Zeitdauer. Mindestens dauerte sie eineinhalb Stunden; ich habe ihn aber auch bis zu drei Stunden unterrichten sehen. In seinen späteren Jahren, als Schnabel in New York lebte und in einem sehr kleinen Zimmer lehrte – wobei er ein Steinway-Klavier benutzte, während die Schüler auf seinem Steinway-Flügel spielten –, konnten nie mehr als zwei oder drei andere zuhören, und der Unterricht dauerte gewöhnlich zwei Stunden.

Jede Klavierstunde wurde voll und ganz von dem Stück in Anspruch genommen, das der Schüler zum Unterricht mitbrachte. Übungen, Tonleitern oder Etüden wurden weder abgehört noch besprochen. Das jeweilige Stück war vom Schüler selbst ausgesucht worden. Mit wenigen Ausnahmen gab Schnabel seinen Schülern nie etwas zum Einstudieren auf. Am Anfang der Stunde spielte der Schüler immer das ganze Stück oder einen ganzen Satz eines mehrsätzigen Werkes auswendig und ohne Unterbrechung vor.[1] Schnabel nahm währenddessen die Noten des Schülers und schrieb gelegentlich mit Bleistift Kommentare hinein, oder er umrahmte Akkorde, die der Schüler sich falsch gemerkt hatte. Nach dem Vorspielen und einem kurzen Moment des Schweigens gab er dann seinen Kommentar in formelhaften Wendungen ab: »sehr gut« (darauf konnte man sehr stolz sein), »naja« (die zugrundeliegende Auffassung war falsch oder zumindest fraglich) oder »bravo« (das war die schlimmste Bestrafung! denn es bedeutete: zuviel technische Brillanz und Vernachlässigen der musikalischen

---

1 Klavierkonzerte begleitete er selbst auf dem anderen Klavier.

Gestaltung). Danach beschrieb Schnabel ganz allgemein, was er für das Hauptproblem des Schülers an diesem Tag hielt; Dinge wie: nicht genug Kontrolle, zu passiv, nicht genug Farbe oder Intensität und so weiter. Von da an widmete er seine Aufmerksamkeit ausschließlich dem Werk selbst und seinen Anforderungen und nicht mehr der persönlichen Auffassung und Entwicklung des Schülers.

Abschnittweise wurde das Stück nun im Detail auseinandergenommen. Schnabel erklärte, was für ihn bei der Anfangsphrase wichtig war, setzte sich hin und spielte sie ein- oder zweimal, drehte sich dann zum Flügel hin und sagte: »Versuchen Sie es!« Dann setzte er sich mit jeder Einzelheit des Nachgespielten auseinander, besonders mit Nuancen der Betonung, dem Verhältnis der Teile und Stimmen zueinander, mit dem dynamischen Konzept und der Transparenz der Polyphonie. (Das galt auch für homophone Musik: Jede Stimme in einem einfachen Begleitakkord mußte vom vorhergehenden Akkord herkommen und zum nächsten Akkord hinführen.) Wie ein Dirigent bei einer Orchesterprobe ließ Schnabel den Schüler eine Phrase so lange wiederholen (gewöhnlich ohne sie selbst noch einmal zu spielen), bis sie seinen Vorstellungen entsprach, selbst wenn es dazu zwanzig Wiederholungen bedurfte. Er sang vor, dirigierte, erfand einen Text zu einer Klaviermelodie, um die richtige Deklamation zu erzielen, führte Geh- und Tanzschritte vor und erklärte auf poetische und philosophische Weise, warum diese Phrase so klingen sollte, wie er es verlangte. Nur ganz selten sah er auf die Hände des Schülers und versuchte, Ausdruck und Deklamation mit Hilfe technischer Mittel zu korrigieren. Allgemeine Hinweise auf die schon früher in diesem Buch erwähnten Einzelheiten (wie bewegliche Ellbogen, Nach-vorn-Spielen usw.) gab er jedoch fast in jeder Unterrichtsstunde.

Phrase nach Phrase wurde so bis zum Ende des Satzes besprochen. Das nahm so viel Zeit in Anspruch, daß in einer Klavierstunde nicht mehr als ein oder höchstens eineinhalb Sätze von normaler Länge behandelt werden konnten. Schnabel versuchte nicht, die verschiedenen Abschnitte zu einer vollständigen Aufführung zu verbinden; das blieb dem Schüler überlassen. In späteren Jahren hörte er jedes Stück nur einmal. Bei fortgeschrittenen Schülern nahm er abweichende Auffassungen ohne weiteres in Kauf und schlug selbst oft Alternativen für seine eigenen Lösungen der Phrasierungs- und Betonungsprobleme vor. Auch dann gab es wenig Diskussion, und unser Hauptinteresse bestand natürlich darin, zu hören, wie *er* das Werk spielte. Schnabel sah es nicht gern, wenn seine Schüler – diejenigen, die spielten, und die, die zuhörten – sich Notizen machten oder seine Kommentare in ihre Noten schrieben. »Was ich hier erwähne«, pflegte er zu sagen, »soll als Musik in Erinnerung behalten werden und nicht als Worte.« Er versuchte nie, seine Schüler zu drillen oder einzuschüchtern, wenn sie einmal verstanden hatten, was er wollte, und es beim nächsten Versuch einigermaßen zustandebrachten. »Der Lehrer öffnet die Tür; der Schüler schreitet durch.«[1]

1 Artur Schnabel, My Life and Music, New York 1963, S. 130.

Schlußwort

Schnabels Ideen über Artikulation, Notenlesen, verschiedene Aspekte von Interpretation sowie Klangerzeugung und Technik waren vielschichtig und individuell. Ich habe in diesem Buch versucht, getreulich zu berichten, was ich seinerzeit davon verstanden und in Erinnerung behalten hatte. Hätte ich es unternommen, Schnabels Ansichten, wie sie sich dem Schüler darboten, kritisch zu beleuchten, so hätte ich nur Entstellungen und Verwirrung verursacht. Falls mein Bericht klar ist, wird es leicht sein, jeden einzelnen Punkt zu akzeptieren, zu verwerfen oder zu berichtigen, vielleicht sogar ein vollständigeres ästhetisches System auf diese oder jene These Schnabels aufzubauen.

Schnabels komplizierte Individualität darf nicht die Tatsache verdecken, daß er als Künstler völlig harmonisch und aus einem Stück war. Was er lehrte – musikalisch und pianistisch –, kam ihm ohne Kampf und Anstrengung. Seine extravagantesten metrischen Gruppierungen zum Beispiel waren Kinder seiner verspielten Phantasie, und die verschiedenen »Regeln« über Klangproportionen entsprangen direkt seinem Instinkt für sinnliche Klangschönheit. Da er selbst ein Komponist war, konnte er den vollen Respekt für die Intentionen der großen Meister mit einer unersättlichen Neugier verbinden, die ihn veranlaßte, immer wieder das Mysterium des Schaffens nachzuerleben, wenn er Meisterwerke wiedergab, wobei er dann tiefer und tiefer in den Geist eindrang, mit dem er sich zu identifizieren suchte. Der Leser muß dies im Auge behalten, um der Versuchung widerstehen zu können, den Inhalt des Buches in äußerliche Rezepte und Patentlösungen zu übersetzen. Ein solches Buch kann nicht mehr erreichen als vielleicht einerseits junge Musiker empfänglich für gewisse Arten des inneren Hörens zu machen und andererseits ihre Freude am Musizieren zu erhöhen, indem sie einer Klaviertechnik gewahr werden, die den Ausdruck auf natürliche Weise erzielt;

schließlich mögen Musiktheoretiker hier einige originelle Antworten zu alten Problemen der Rhythmik, Melodik, Harmonielehre usw. finden, die Schnabel im Unterricht streifte, indem er die musikalischen Elemente denkbar ungekünstelt und spontan besprach.

Personen- und Werkregister

Verweise auf Beispiele sind kursiv gesetzt

Im Umkreis der Musik

Ernest Ansermet
Die Grundlagen der Musik im menschlichen Bewußtsein
3. Aufl., 7. Tsd. 1985. 847 Seiten mit 230 Notenbeispielen und 32 Diagrammen.
Serie Piper 388

Ernest Ansermet/J.-Claude Piguet
Gespräche über Musik
2. Aufl., 9. Tsd. 1985. 120 Seiten. Serie Piper 74

Kurt Blaukopf
Musik im Wandel der Gesellschaft
Grundzüge der Musiksoziologie. 1982. 383 Seiten und 4 Farbtafeln. Geb.

Alfred Brendel
Nachdenken über Musik
Mit einem Interview von Jeremy Siepman. 9. Aufl., 45. Tsd. 1985.
228 Seiten und 61 Notenbeispiele. Serie Piper 265

Carl Dahlhaus
Musikalischer Realismus
Zur Musikgeschichte des 19. Jahrhunderts. 2. Aufl., 5. Tsd. 1984. 166 Seiten.
Serie Piper 239

Ulrich Dibelius
Moderne Musik I
1945–1965. 3. Aufl., 20. Tsd. 1984. 392 Seiten mit 31 Abbildungen und
45 Notenbeispielen. Serie Piper 363

Hans Heinrich Eggebrecht
Bachs Kunst der Fuge
Erscheinung und Deutung. 2. Aufl., 9. Tsd. 1985.
131 Seiten mit 61 Notenbeispielen. Serie Piper 367

Hans Heinrich Eggebrecht
Die Musik Gustav Mahlers
1982. 305 Seiten mit 73 Notenbeispielen. Leinen

 PIPER

Im Umkreis der Musik

August Everding
Mir ist die Ehre widerfahren
An-Reden, Mit-Reden, Aus-Reden, Zu-Reden. Vor-Rede von Joachim Kaiser.
1985. 357 Seiten mit 8 Seiten Abbildungen. Geb.

Dietrich Fischer-Dieskau
Töne sprechen, Worte klingen
Zur Geschichte und Interpretation des Gesangs. 1985. 501 Seiten. Leinen

Martin Gregor-Dellin
Heinrich Schütz
Sein Leben – Sein Werk – Seine Zeit. 2. Aufl., 13. Tsd. 1984.
494 Seiten mit 26 Abbildungen auf Tafeln und 4 Farbtafeln. Leinen

Martin Gregor-Dellin
Richard Wagner
Sein Leben – Sein Werk – Sein Jahrhundert. 1980. 930 Seiten. Leinen

Martin Gregor-Dellin
Richard Wagner
Eine Biographie in Bildern. 1982. 220 Seiten mit 325 farbigen und
schwarzweißen Abbildungen. Leinen

Joachim Herz
»… und Figaro läßt sich scheiden«
Oper als Idee und Interpretation. 1985. 254 Seiten und 34 Abbildungen
auf Tafeln. Geb.

Joachim Kaiser
Große Pianisten in unserer Zeit
6. Aufl., 29. Tsd. 1985. 292 Seiten mit 25 Notenbeispielen und 27 Fotos. Kt.

Joachim Kaiser
Mein Name ist Sarastro
Die Gestalten in Mozarts Meisteropern von Alfonso bis Zerlina.
6. Aufl., 29. Tsd. 1985. 299 Seiten mit 25 Abbildungen. Leinen

PIPER

Im Umkreis der Musik

Wilhelm Kempff
Unter dem Zimbelstern
Jugenderinnerungen eines Pianisten. 1985. 282 Seiten.
Serie Piper 446

Wilhelm Kempff
Was ich hörte, was ich sah
Reisebilder eines Pianisten. 3. Aufl., 23. Tsd. 1986. 179 Seiten mit 16 Farbtafeln und
10 Schwarzweißfotos auf Tafeln. Leinen

Lust an der Musik
Ein Lesebuch. Herausgegeben von Klaus Stadler. 4. Aufl., 50. Tsd. 1986.
436 Seiten. Serie Piper 350

Gustav Mahler/Richard Strauss
Briefwechsel 1888–1911
Herausgegeben und mit einem musikhistorischen Essay versehen von
Herta Blaukopf. 1980. 232 Seiten und 14 Abbildungen auf Tafeln. Geb.

Diana Menuhin
Durch Dur und Moll
Mein Leben mit Yehudi Menuhin. Aus dem Englischen von Helmut Viebrock.
2. Aufl., 20. Tsd. 1985. 334 Seiten mit zahlreichen Fotos. Leinen

Yehudi Menuhin
Ich bin fasziniert von allem Menschlichen
Gespräche mit Robin Daniels. Aus dem Englischen von Hans-Jürgen Baron von
Koskull. Vorwort von Lawrence Durrell. 2. Aufl., 12. Tsd. 1983. 208 Seiten.
Serie Piper 263

Yehudi Menuhin
Kunst als Hoffnung für die Menschheit
Reden und Schriften. Mit einer Laudatio von Pierre Bertaux.
Ausgewählt, eingeleitet und aus dem Englischen übersetzt von Horst Leuchtmann.
1986. 229 Seiten mit 14 Abbildungen auf Tafeln. Leinen

PIPER

Im Umkreis der Musik

Yehudi Menuhin
Unvollendete Reise
Lebenserinnerungen. Aus dem Englischen von Isabella Nadolny und
Albrecht Roeseler. 6. Aufl., 79. Tsd. 1980. 462 Seiten und 63 Abbildungen
auf Tafeln. Geb.

Yehudi Menuhin
Variationen
Betrachtungen zu Musik und Zeit. Aus dem Englischen von
Horst Leuchtmann. 1984. 256 Seiten. Serie Piper 369

Prokofjew über Prokofjew
Aus der Jugend eines Komponisten. Herausgegeben von David H. Appel.
Aus dem Amerikanischen von Hans-Horst Henschen. 1981. 430 Seiten mit
Notenfaksimiles und 85 Abbildungen auf Tafeln. Geb.

Willi Reich
Alban Berg
Leben und Werk. 1985. 217 Seiten mit 76 Abbildungen
und Notenbeispielen. Serie Piper 288

Max Rostal
Ludwig van Beethoven:
Die Sonaten für Klavier und Violine
Gedanken zu ihrer Interpretation. Mit einem Nachtrag aus pianistischer Sicht
von Günter Ludwig. 1981. 195 Seiten mit 13 Abbildungen auf Tafeln,
5 Faksimiles und Notenbeispiele. Geb.

Sigfried Schibli
Franz Liszt
Rollen, Kostüme, Verwandlungen. 1986. 170 Seiten mit
13 Abbildungen und 7 Notenbeispielen. Serie Piper 5238

PIPER

Im Umkreis der Musik

Sigfried Schibli
Alexander Skrjabin und seine Musik
Grenzüberschreitungen eines prometheischen Geistes. 1983. 421 Seiten mit
56 Notenbeispielen und 20 Abbildungen auf Tafeln. Geb.

Cosima Wagner
Die Tagebücher
Herausgegeben von der Stadt Bayreuth. Ediert und kommentiert von
Martin Gregor-Dellin und Dietrich Mack. 2., neu durchgesehene und im Anhang
revidierte Auflage
Band I: 1869–1872. 1982. 624 Seiten. Serie Piper 251
Band II: 1873–1877. 1982. 688 Seiten. Serie Piper 252
Band III: 1878–1880. 1982. 656 Seiten. Serie Piper 253
Band IV: 1881–1883. 1982. 688 Seiten. Serie Piper 254

Cosima Wagner
Das zweite Leben
Briefe und Aufzeichnungen 1883–1930. Herausgegeben von Dietrich Mack.
1980. 899 Seiten und 36 Abbildungen auf Tafeln. Leinen

Richard Wagner
Briefe
Ausgewählt, eingeleitet und kommentiert von Hanjo Kesting.
1983. 679 Seiten. Leinen

Richard Wagner
Mein Denken
Eine Auswahl der Schriften. Herausgegeben und eingeleitet von
Martin Gregor-Dellin. 1982. 416 Seiten. Serie Piper 264